U0910870

晓晓 / 整理

歇后语大全

XIEHOUYU DAQUAN

南京大学出版社

图书在版编目(CIP)数据

歇后语大全 / 晓晓整理. －南京:南京大学出版社,2009.4(2018.1 重印)

(青少年课外阅读系列丛书)

ISBN 978－7－305－05862－2

Ⅰ. 歇… Ⅱ. 晓… Ⅲ. 汉语－歇后语－青少年读物 Ⅳ. H136.3－49

中国版本图书馆 CIP 数据核字(2009)第 057852 号

出版发行 南京大学出版社
社　　址 南京市汉口路 22 号　　邮　编 210093
出 版 人 金鑫荣

丛 书 名 青少年课外阅读系列丛书
书　　名 **歇后语大全**
整　　理 晓　晓
责任编辑 孟凡晓　　编辑热线 025－83207098
审读编辑 陈晓妍

照　　排 南京新洲印刷有限公司
印　　刷 皖南海峰印刷包装有限公司
开　　本 787×1092 1/16　印张 12　字数 170 千
版　　次 2009 年 4 月第 1 版　2018 年 1 月第 5 次印刷
ISBN 978－7－305－05862－2
定　　价 18.80 元

网　　址 http://www.njupco.com
官方微博 http://weibo.com/njupco
官方微信 njupress
销售咨询热线 025－66665152

前　言

歇后语是我国人民在生活实践中创作的一种特殊语言形式，是一种短小、风趣、形象的语句，它一般由前后两部分组成，前半部分是形象的比喻，起“引子”作用，像谜面，后一部分是解释、说明，起“注释”作用，像“谜底”，比如张飞使计谋——粗中有细、亡羊补牢——为期不晚、泼出去的水——收不回来等，十分自然贴切。

歇后语是一种典型的俗语形式，具有鲜明的民族特色，浓郁的生活气息，是源远流长的中国文化孕育出来的一种特殊的语言结构，幽默风趣，耐人寻味，为广大人民群众所喜闻乐见。而俗语是历代群众创造的口头语汇，题材广泛，结构独特，风格幽默，形式精炼，妙趣横生，是广大群众世代的集体经验和智慧结晶，是广大人民群众所喜闻乐见的语言形式，为现代汉语提供了无比丰富、生动的语言材料，是中华民族先进文化的重要组成部分。

这本《歇后语大全》共收录了一百多个歇后语典故，这些故事绝大部分来自我们广为熟知的《三国演义》、《水浒传》、《西游记》、《封神演义》等文学名著，比如刘备借荆州——有去无还，关羽失荆州——骄兵必败，孙悟空变土地庙——尾巴难藏，孙猴子七十二变——神通广大，林冲误闯白虎堂——单刀直入，李逵断案——强者有理，姜太公钓鱼——愿者上钩，泼出去的水——收不回来等，故事诙谐有趣，通俗易懂，耐人寻味，为我们喜闻乐见。每个故事后还附有对故事背景、历史文化、风俗习惯的注释，以及增长见识的脑筋急转弯，使读者不仅可以了解到丰富的文化知识，还有益于开发智力。

目 录

井里的蛤蟆——没见过大世面

在道家经典《庄子》一书中，记述了下面的故事。

有只蛤蟆从小生长在一口废井里。

一天，一只海鳖来到井边，蛤蟆对它夸口说：

“你看，我住在这里，多么快乐！高兴时，就在井边跳一跳；厌倦了，就回到井里歇一歇；想洗澡，就跳下水游一游；要散步，便在泥地上遛一遛。井里四周的小虫，有哪个能比得上我呀！”蛤蟆自吹自擂，还说：

“你怎么不进来观赏呢？”

海鳖听它说得这么好，也想进去瞧一瞧，可是左脚才踏进去，右脚就被井栏绊住了，只好摇摇头，为难地退了出来，蛤蟆见了，显得很不高兴。海鳖就问它：

“你见过大海吗？”

蛤蟆摇摇头。

海鳖告诉它：

“海可真大！几千里不能形容它的广阔，几千丈也不能形容它的深度。在古代夏禹时，十年中九年有水灾，但是大海里的水看不出有一点儿增加；在商汤时，八年中有七年大旱，但是大海里的水也不见有一点儿减少。不管时间长短，无论雨水多少，大海总是无边无际，波浪滔滔。住在那样的大海里，才是真正的快乐呢！”

蛤蟆听了海鳖的这番话，惊得目瞪口呆，再也没有什么话可说了。

后来，人们根据这个故事，编成了“井里的蛤蟆——没见过大世面”、“井底的蛤蟆——没有多少见识”等歇后语。

[人物背景]

(1)庄子(约前 369—前 286)，名周，战国时宋国蒙城(今河南商丘县)人。曾作过漆园小吏，一直过着穷苦的隐居生活。其人其书对后世的影响非常深远。

(2)《庄子》是先秦时代的作品，它是先秦思想家庄周及其后学者的作品集。《庄子》共33篇，其中内篇7篇，外篇15篇，杂篇11篇。

[考考你]

(1)蛤蟆听了海鳖的话，为什么目瞪口呆，无话可说？

(2)我们现在怎样做才能不断增长见识呢？

白娘娘遇许仙——一见钟情

白娘娘就是《白蛇传》中的白素贞。传说，四川境内的峨嵋山上有一条白蛇和一条青蛇，因修炼千余年，已经能变幻成美丽的姑娘，她们就是白素贞和小青。

她们久居山上，感到寂寞，便腾云驾雾来到西子湖畔。她们扮作游春闺秀，夹杂在游客里，尽情地观赏着西湖美景。

当她们游到断桥时，天突然下起雨来。白素贞和小青正想去避雨，忽见断桥上匆忙走来一个美貌少年。他夹着一把伞，却未撑开。

白素贞一见这少年男子，马上被他的美貌迷住了。她只顾呆痴痴地看着人家，连自己淋在雨中也忘了。聪明伶俐的小青看穿了师姐的心事，她见雨越下越大，就拉白素贞到一棵大柳树下去避雨。

那个少年名叫许仙，今天是到灵隐山为他的双亲扫墓的。回来经过断桥，见两个青年女子在柳下避雨，便走过去热情地说：

"这柳下怎能避雨？来来来，请用我这把伞吧！"

白素贞见许仙不但人长得俊，而且心眼也好，心里便产生了爱慕之情。她谦让了一番，见许仙一片诚意，就把伞接过来。他们交谈了一会儿，许仙知道了她们的住处，便叫来一只小船，送她们回家。

途中，白素贞悄悄让小青去问许仙住在什么地方，说改日要登门拜谢；又让小青去邀许仙到自己家里来做客，真是着了迷。

正说着话，船不知不觉到了钱塘门，离白素贞的家很近了。这时雨已过，天已晴。照理白素贞可以把伞还给许仙了。

然而，她怕许仙不肯到她家来玩，于是向小青使了个眼色。小青会意，暗施法术，天突然又下起雨来。

白素贞假装着急，说：

“又下雨了，这如何是好？”

许仙道：

“这把伞小姐拿去，我改日来取就是了。”

白素贞就等着他讲这句话呢。她高兴地辞别了许仙，临下船还一再叮嘱他：明日一定要来！

许仙对白素贞也早产生了爱慕之情。他目送着白娘子与小青下船而去，直到她们走得很远很远……

后来，人们根据这段故事，编成了歇后语“白娘娘遇许仙——一见钟情”。

[人物背景]

《白蛇传》是一部流传很广的民间故事。它讲述的是在峨嵋山修炼千年的白蛇来到凡间，与许仙一见钟情结为夫妻，但遭到法海和尚百般阻挠的故事。

[脑筋急转弯]

你知道下面这个歇后语吗？快动脑想想吧！

耗子钻进古书堆——？

白娘娘吃雄黄酒——现原形

据《白蛇传》描述，白娘娘与许仙在断桥一见钟情，不久便结为恩爱夫妻。许仙辞去了小伙计的职务，与白娘子在镇江开了一座药铺。

许仙张罗卖药，白娘子为病人诊脉治病。天长日久，白娘子的名声越传越远，后来传到了金山寺的老僧法海耳朵里。法海是个爱管闲事、惹人讨厌的家伙。他听到白素贞的名声后，查明了她是由千年蛇妖变成的。法海认为白娘子在镇江行医，对他传道很不利，于是存心找白娘子的麻烦。

法海亲自跑到镇江许仙开的药铺里，避开白娘子，鬼头鬼脑地对许仙说：

"老僧查明你那妻子乃是千年蛇妖所化……她对你恩爱，乃是迷惑你。等时机一到，定要将你吃掉。"

许仙听了，十分生气。法海见许仙不相信，又说："等到端阳节，劝她多喝几杯雄黄酒，到那时，你就会看到她的原形。"许仙仍不相信。

光阴似箭，端阳佳节到了。镇江一带的风俗，到端阳这天家家都喝雄黄酒。小青道行尚浅，受不了雄黄酒的刺激，想到深山里去避一避。她劝师姐也一块去，但白娘子觉得应与许仙一起欢度佳节，又自信法力高强，即使喝了雄黄酒，也不会有事，于是留在家中。

许仙一片好意，一次次向白娘子劝酒。白娘子一连喝了两杯雄黄酒，不觉呻吟起来。许仙忙扶她进罗帐休息。

许仙将娘子安顿好，心中很后悔，觉得不该把娘子灌醉。他走到药房里，调制了一杯醒酒汤，端到卧室，拉开罗帐一看，吓得魂飞魄散。原来床上果然盘卧着一条又粗又长的白蛇，鳞光闪闪。许仙"哎呀"惊叫一声，吓昏过去了……

后来，人们根据这段故事，编成了歇后语"白娘娘吃雄黄酒——现原形"。

[故事小质疑]

白娘子喝了雄黄酒为何会现原形？

我国民间有"早端午，晚中秋"之说，古人以为晨属龙，正是群龙行雨之时，故在端午节早晨喝雄黄酒祈雨，希望风调雨顺。有的地方还喜欢把雄黄酒或雄黄水洒在屋子外，涂在小孩耳、鼻、头处，以避除毒虫、蛇、蚊叮咬。白娘子为白蛇所变，故怕雄黄酒。

[脑筋急转弯]

你知道下面这个歇后语吗？快动脑想想吧！

保温瓶的塞子——？

吕布戏貂蝉——上了别人的当

据《三国演义》描述，董卓强迫汉献帝建都长安后，把义子吕布视作心腹，互相勾结干了许多坏事，激起百姓愤慨。司徒王允想利用宫中舞女貂蝉，离间董卓与吕布的关系，让吕布除掉董卓。王允把这一想法告诉貂蝉，貂蝉慨然答应。于是，王允先向吕布献了一顶金冠，讨得吕布欢心；随后又安排吕布与美女貂蝉相见，并将貂蝉许配给吕布，吕布感恩不尽。

不久，王允又宴请董卓，并让貂蝉跳舞助兴。董卓见貂蝉貌若天仙，顿时动了心思。王允又投其所好，将貂蝉献给董卓。董卓深表谢意，告辞了王允，带貂蝉来到了相府里。

吕布知道后，一夜没有睡好。第二天一早，他闯入相府，从窗口看到貂蝉正在掉泪，一时不知如何是好。

过了几天，董卓生了病。吕布借口问安，直入相府内堂。这时，貂蝉又假装哭泣。突然，董卓醒来，见此情形，不禁大怒，骂吕布道：

"你敢调戏我的爱妾？今后不许再进内室！"

吕布一气之下，愤然走开。董卓的女婿李儒怕吕布怀恨在心，于是劝董卓多赏给吕布一些财物，好言好语安慰他一番。吕布虽然接受了董卓赏给他的财物，心中却仍然忿忿不平。

这一天，董卓上朝议事，吕布瞅空闯进了相府，寻见了貂蝉。貂蝉不等他说话，就让吕布先到后园凤仪亭等候。过了一会儿，貂蝉来到亭边，见了吕布，像见到亲人一样，哭诉着心中的痛苦，并要纵身跳进荷花池，以表爱慕吕布的心意。吕布慌忙抱住她，表示一定要娶貂蝉为妻，否则不是英雄。谈了一会儿，吕布怕董卓回来见了产生疑心，便想走开。貂蝉拉住了他，又继续谈下去……

董卓回来后，没见到貂蝉，忙连声呼唤。听侍女一说，才知她到后园去了。董卓寻到后园，抬头一看，吕布和貂蝉正在凤仪亭下曲栏边亲热地谈着呢。他大喝一声，直奔过去。吕布见是董卓吓得拔腿就跑。这时，李儒上前一步拦在董卓面前，董卓气愤地骂吕布道：

"逆贼调戏我的爱妾，我非杀了他不可！"

后来，董卓将貂蝉带回郡坞。吕布遥望着貂蝉的车尘，只是痛恨叹息。王允见了吕布，用激将法使他下定杀死董卓的决心。随后，吕布派李肃去郡坞，假传诏书，骗董卓进京。预先布置好的武士们一见董卓来了，挺着刀枪直刺，但董卓身上裹着厚甲，一时没有被刺死。这时，吕布大叫一声：

"有诏讨贼！"

一戟直刺董卓咽喉，结束了他的性命。

后来，人们根据这个故事，编成了歇后语"吕布戏貂蝉——上了别人的当"。

[**趣味大转盘**]

四大丑女：

说起四大美女，大家都知道。可历史上的四大丑女是谁？你知道吗？她们是远古的嫫母，战国的钟离春，东汉的孟光，东晋的阮德尉之女。

[**脑筋急转弯**]

你知道下面这个歇后语吗？快动脑想想吧！

哑巴吃黄连——？

八仙过海——各显神通

八仙是指汉钟离、张果老、韩湘子、铁拐李、吕洞宾、曹国舅、蓝采和、何仙姑。八仙的故事出自明代神魔小说《东游记》。

几百年来,传说正月十五这一天,普陀仙岛上的观音菩萨要举行元宵灯会,邀请各路神仙一起来观赏。张果老接到请帖后,便去邀何仙姑、韩湘子等仙友同往。他们兴趣盎然,腾云驾雾,来到了海边。

面对白浪滔天、无边无际的大海,吕洞宾说:“平时,我们八仙难得聚会,今天我们若腾云驾雾过海,显不出仙家本领;若各位投宝入海,各显神通,这样过海不是更有趣吗?”众仙听了,都说:“好。”

于是,铁拐李坐上他的宝葫芦,飘入水中。他用手中的铁拐作桨,悠然自得地向前划去。

接着,何仙姑登上她那荷花小船;吕洞宾踩着他那飞旋成轮的宝剑;汉钟离跨上那听到他的渔鼓声便纷纷游来的鱼儿所搭成的鱼桥;韩湘子坐在由他篮中的五色牡丹变成的凤凰背上;张果老倒骑着他那由纸驴变成的小毛驴;曹国舅顺着他那由劈水犀宝开出的一条海道;蓝采和踏着一双由羊脂白玉如意环变成的长着翅膀的鞋子。就这样,八位大仙轻松愉快地过了海,兴冲冲地直奔普陀仙岛去了……于是,人们根据这个故事,编成了“八仙过海——各显神通”、“八仙过海——各施各法”、“八仙过海——能行风的行风,能下雨的下雨”等歇后语。

[人物背景]

“八仙”指的是铁拐李、汉钟离、曹国舅、张果老、吕洞宾、蓝采和、韩湘子、何仙姑八人。

[趣味大转盘]

何仙姑要下凡——六神不安

何仙姑回娘家——云里来,雾里去

吕洞宾打摆子——占(战)先(仙)

狗咬吕洞宾——不识好人心

韩湘子吹笛——不同凡响

韩湘子拉着铁拐李——你吹我捧

张果老骑毛驴——倒好

三顾茅庐——求贤

据罗贯中的《三国演义》描述，东汉末年，群雄纷起争夺天下。刘玄德(即刘备)多方搜罗人才，先得到了徐庶。后来，曹操使用奸计，迫使徐庶弃刘投曹。临走时，徐庶深深感谢刘玄德之恩德，便向他推荐了诸葛亮。

刘备听徐庶说诸葛亮很有学识，又有才能，自然十分高兴。他很想请他出来帮助自己治理天下。一天，他和关羽、张飞带着礼物来到诸葛亮的住处——隆中卧龙岗。恰巧诸葛亮在这天早上出去了，刘备只得扫兴而归。

不久，刘备又和关羽、张飞两人冒着大风雪第二次去请。不料诸葛亮已经在头一天和朋友出外闲游去了。张飞本来不愿意同刘备一块儿再来，这时见诸葛亮还是不在家，很不高兴，催着要回去。刘备只得写一封信留下，表达自己对诸葛亮的敬佩，并恳切表示想请他出来帮助自己挽救国家危难的决心。

过了一些时候，刘备吃了三天素，洗了澡，换了衣服，准备再去请诸葛亮。关羽说诸葛亮也许只有一个空名，未必有真才实学，不用去了。张飞主张让他一个人去把诸葛亮叫来，如果不来，就用绳子捆来。刘备把张飞狠狠地责备了一顿后，又和他俩第三次到了诸葛亮的家里。到了他家，诸葛亮正在睡觉。刘备不敢惊动他，便恭恭敬敬地站在台阶下等着。一直等到诸葛亮自己醒来，才彼此坐下谈话。

诸葛亮见刘备有志为国效力，而且诚恳地请他帮助，就把当时国内的政治和军事形势，作了精辟的分析；又替刘备制定了先取荆州、后占西川

和连络东吴对抗曹操的策略。最后答应了刘备的请求，和刘备、关羽、张飞一同来到刘备驻扎的地方——河南新野。从此，诸葛亮便用全部的精力帮助刘备在军事上取得了巨大的胜利，在政治上建立了蜀汉王朝。

《三国演义》把刘备三次亲自恭请诸葛亮出来帮助自己做事的故事，叫做“三顾茅庐”。后来，人们根据这个故事，编成了“三顾茅芦——求贤”、“三顾茅庐——好难请”、“刘玄德三顾茅庐——请你这个诸葛亮”和“刘备请诸葛亮——思贤心切”等歇后语。

[人物背景]

《三国演义》全名为《三国志通俗演义》，是我国四大古典名著之一，也是中国长篇历史小说的开山之作，同时又是一部蕴含着丰富智慧和谋略的杰作。

[脑筋急转弯]

你知道这个歇后语吗？赶快动脑想想！

扯着虎尾巴喊救命——？

[好书推荐]

《三国演义》是一部史诗般的巨著。它代表了古代历史小说的最高成就。全书波澜壮阔、气势恢弘，生动地描写了东汉末年魏、蜀、吴三国从时局动乱、诸侯纷争中崛起，一直到最后被西晋所灭的历史故事。著名教授钱钟文认为“小说在运筹帷幄、星移斗转、奇峰对插的多种描写背后，显示了先人的无限智慧”。你还犹豫什么？先睹为快吧！

刘备借荆州——有借无还

据《三国演义》描述，荆州历来是战略要地，蜀主刘备若占领荆州，就可以西进四川，东下三吴，为统一中国打开通路。

荆州原为刘表盘踞。刘表死后，次子刘琮继承，他后来投降曹操。

赤壁大战时，孔明趁孙权和曹操争城夺地之际，以借为名，派张飞占据了荆州。东吴派鲁肃向刘备讨还荆州，说：

"东吴费了钱粮军马，打退曹兵，荆州九郡应归东吴。"

孔明却说：

"荆州本是刘表的基业。刘表虽死，他的儿子刘琦还在。我主以叔父的名分，帮他取回荆州，谁说不可？"

鲁肃一听，理由比自己充足，只好讲：

"倘若刘琦公子不在，须将城池还我东吴。"

孔明点点头，含糊地答应着：

"公子在一日，守一日，若不在，别有商议。"

不久，刘琦死去。东吴又派鲁肃来向刘备讨还荆州。

席间，孔明反驳鲁肃说：

"刘表是我主之兄，弟承兄业，有何不顺？况且，赤壁一仗，若不是我借东南风，周瑜哪能成功！"

鲁肃听后，十分为难地说：

"当时刘皇叔在当阳受难时，是我引你渡江见我主孙权；后来周瑜要兴兵讨取荆州，是我挡住；你说等刘琦死后归还，又是我作了担保。如今刘琦死了，荆州不还，叫我怎样回复我主孙权？"

孔明替鲁肃出主意说：

"倘若先生面上不好看，我劝主公立纸文书，暂借荆州，等得到西川，便将荆州归还东吴。"

鲁肃无法可想，只好答应。刘备亲笔写成文书一纸，押了字，孔明作保签押。鲁肃自己也在文书上押字作证。

后来，刘备取得西川，东吴又来索取荆州，刘备仍然推故不肯归还。真个"刘备借荆州——有借无还"。

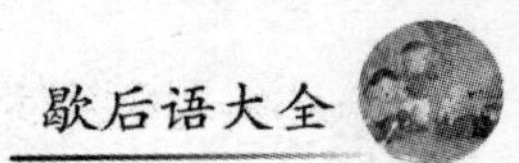

[考考你]

(1)东吴派鲁肃向刘备讨还荆州先后共有几次？每次的情况如何？

(2)刘备为什么不愿向东吴还荆州？

[脑筋急转弯]

你知道下面这个歇后语吗？快动脑想想吧！

鲜花插到牛屎上——？

刘备遇孔明——如鱼得水

据《三国演义》描述，刘备三顾茅庐请来了孔明，就像对待师长一样，十分尊敬他。两人感情深厚，一起吃饭，一起睡觉，整天讨论天下大事。刘备的结义兄弟关羽和张飞心里不服，说：

"孔明年轻，有什么才学？兄长太厚待他了！"

刘备说：

"我得到孔明，好像鱼儿得到水一样。你们以后不要再这样说了。"

一天，有人送牦牛尾来，刘备亲自结在帽子上，孔明进来看见，很严肃地对他说：

"您不再有远大的志向，只能做做这种事吗？"

刘备赶忙把帽子丢在地上说：

"我只是借它来解除我的忧虑。"

孔明说：

"您自己考虑与曹操相比，如何？"

刘备说："我不如他。"

孔明说："您的兵众不过几千人，万一曹兵来到，用什么去迎击他呢？"

刘备说："我正为这件事发愁，还没想到一条好计策。"

孔明说："赶快招募民兵，我亲自教他们操练，准备迎战来敌。"

不久，曹操命夏侯惇带领十万兵马，向新野杀来了。张飞听到消息，对关羽说：

“现在就让孔明去迎敌吧。”正说着，刘备召他二人。

刘备问他们：“夏侯惇引兵到来，如何迎敌？”

张飞说：“哥哥怎么不让孔明去？”

刘备说：“智谋要靠孔明，争斗要靠二位兄弟，怎么可以推诿？”刘备把剑印授给孔明，让他发令。孔明遵命，很快一一调派完毕。

关羽问：“我们都去迎敌，不知道军师做些什么？”

孔明说：“我只坐守县城。”

张飞一听，大笑说：“我们都去厮杀，你却坐在家里，怎么好意思？”刘备见他们这种态度，忙说：“岂不闻运筹帷幄之中，决胜千里之外？两位不可违令。”张飞无奈，冷笑而去。众将也不知孔明的韬略，虽然听令，都怀有疑惑。结果博望坡一战，杀得曹军尸横遍野，血流成河。孔明收军，关羽、张飞都称赞说：“孔明真是一位英杰！”

后来，人们根据这个故事编成了歇后语：“刘备遇孔明——如鱼得水”。

[旅游好去处]

刘备、张飞故里

古城涿州距北京只有 60 公里，三国蜀汉昭烈帝刘备故里就在涿州西南楼桑村。而距楼桑村西北 2.5 公里处的忠义店，就是三国名将张飞的故里，刘备、关羽、张飞桃园三结义的故事就发生在这里。现今楼桑村东建有昭烈庙、三义宫、忠义庙、张飞井、三结义纪念地——万亩桃林等景点。附近于 1990 年又建起了“涿州·中国影视城”，影视城内建有汉代、唐代两大景群。同学们若有兴趣，去旅游参观一下吧！

[脑筋急转弯]

你知道下面这个歇后语吗？快动脑想想吧！

夏天穿皮袄——？

关羽放曹操——念旧情

据《三国演义》描述，诸葛亮为周瑜借东风，黄盖用苦肉计诈降曹操，结果用火攻把曹军打个落花流水。

曹操在张辽(即张文远)等将士保护下，落荒而逃，最后经华容道想逃回南郡。在这里，正好遇上奉诸葛亮之命打埋伏的关羽及其所率士兵。

这时的曹操，随从的残兵败将只剩下三百多人，而关羽率领的斗志昂扬的士兵有五百多名。如果关羽想干掉曹操，简直易如反掌。

曹操也知道自己剩下的这几百士兵已不能再战，于是他亲自上前与关羽答话：

“如今我兵败势危，将军看在过去的情分上，放我过去吧！”

关羽说：

“丞相待我的好处，我报答过了，今天怎敢以私废公?”

曹操又说：

“将军当年不辞而别，闯过五关，斩掉我六员大将，你想想，我是怎样对待将军的？将军熟读《春秋》，最重信义。我曹操死在别人手里，无一点怨言，却料不到死在将军手里啊！”说罢，泪水直滚。

关羽听了，想起在曹营时曹操的许多恩义和后来他过五关斩六将的事，不禁心动了；又见曹军个个衣甲不全，浑身泥浆，越发心中不忍。

于是，他把马头勒回，喝了一声：

“军士们，散开！”曹操见关羽回马，便和众将一起冲将过去。

关羽回身时，又突然想起军令，大喝一声：

“你们哪里去?”

曹操听后，滚下马来，伏在地上，又哭又拜。关羽心又软了。他正犹豫时，张辽纵马来到面前。

关羽见了，又想到过去在曹营时，张辽对自己的一片厚意，便没有阻拦他，放他走了。

后来，人们根据这个故事，编成了“关羽放曹操——念旧情”、“关云长不杀张文远——念起旧情”等歇后语。

关羽失荆州——骄兵必败

据《三国演义》描述，关羽水淹曹将于禁率领的七军之后，又率兵去攻打樊城。曹操闻讯，不禁大惊，忙召集群臣，商议对策。司马懿主张一面派兵力争保住樊城，一面连结东吴，让孙权暗袭关羽部下占领的荆州，以解樊城之围。

曹操赞同这一主张。于是他调精兵五万，交大将徐晃率领去援樊城；另派人出使东吴，向孙权求援。孙权欣然同意，即和群臣商议出兵事宜。

这时，镇守陆口的大将吕蒙突然来到，他主张趁关羽远征樊城，荆州空虚，乘机进取，一鼓作气攻下荆州。这正合孙权之意。吕蒙身负袭取荆州重任回到陆口，见江对岸荆州那边有一座座烽火台，知道关羽已经有了准备。派人一侦探，果然关羽在荆州留有重兵，防务十分严密。吕蒙闷闷不乐，无计可施，只得托病不出。

过了几天，孙权派陆逊去看望吕蒙。陆逊给他出了一条计策：叫吕蒙托病辞职，换一个无名的将官来守陆口，好让关羽放心。等关羽将驻扎在荆州的重兵调去攻打樊城，就乘虚去袭取荆州。孙权十分赞赏这一计策，便同意吕蒙的推荐，让陆逊代替吕蒙留守陆口。

陆逊到了陆口，派人四处宣传，说吕蒙病重，已由陆逊代守陆口。陆逊又备了名马、美酒等物，写了一封措辞谦卑的信，派使者送给关羽。

关羽见信后，哈哈大笑道：

“孙权好没有见识，这样的无名小卒，怎么能用为大将！”

随后，关羽派行军司马王甫去把荆州人马调来攻打樊城。王甫说：

“要防备东吴乘虚而入，进袭荆州。”

关羽轻蔑地笑道：

“吕蒙病危，陆逊这无名小卒，怎敢轻动刀兵。”

王甫再三谏阻，关羽总是不听，只好听命去荆州调兵来攻樊城。

孙权听说关羽中了计，便立即命吕蒙出兵，同时差人送信给曹操，叫他进军樊城，以牵制关羽。

第二天，吕蒙的兵士打扮成商人模样，开着八十条快船，向对岸驶去，

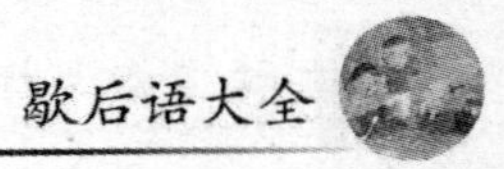

傍晚时分,吕蒙的兵士分头在江边的烽火台下停了下来。守台的荆州兵士见他们是商人,又收了他们的许多礼物,便没有在意。

半夜里,突然从商船里钻出四五十个精兵,窜上岸后冲进烽火台,活捉了守台的全部兵士。这时,吕蒙率领的吴军已驶过江来,一举攻占了荆州城。

关羽知道后,大吃一惊,长叹一声,对王甫说:

“我后悔没听你的话,果然中了奸计,丢了荆州,还有什么脸去见兄长!”

人们根据这个故事,编成了歇后语“关羽失荆州——骄兵必败”。人们常说的“大意失荆州”也是指的这件事。

[考考你]

关羽为什么失掉了荆州?

[脑筋急转弯]

你知道下面这个歇后语吗?快动脑想想吧!

螃蟹过街——?

张飞战关公——忘了旧情

据《三国演义》描述,公元 200 年(汉献帝建安五年),曹操出兵攻打徐州。刘备兵败后,投奔袁绍。关公保护着刘备的家眷,被迫归附曹操。张飞则逃入芒砀山中。三个结义兄弟失散。后来,关公打听到刘备去处,立即拜辞曹操,保护着刘备的甘、糜两位夫人,千里走单骑,过五关斩六将,离开许都,到汝南去找刘备。

张飞逃到芒砀后,住了月余,下山攻占古城,招兵买马,积草屯粮,暂时安下身来。关公路过古城时,得知张飞在此,喜出望外,便派孙乾进城通报，叫张飞出来迎接两位嫂嫂。张飞却披挂持矛上马，带着一千余人出了城。关公望见张飞到来，非常高兴，连忙把手中的大刀交给周仓，徒手拍马迎来。只见张飞圆睁环眼，倒竖虎须，吼声如雷，挥着长矛向关公刺来。关公大吃一惊，慌忙闪过，大叫：

"贤弟何故如此？难道忘了桃园结义兄弟情谊？"

张飞大骂：

"你背叛兄长，投降曹操，封侯赐爵，今天又来骗我。你既然无情无义，有何面目再来见我？"

关公说：

"原来你不知详情，我一时也难说清。现在有二位嫂嫂在此，请贤弟自己问问她们吧！"

两位夫人听见，忙揭帘叫张飞：

"三叔不要错怪好人。二叔因不知你们的下落，暂时栖身曹营。如今得知你大哥在汝南，特地不避险阻，送我们来到这里。"

张飞还不相信：

"二位嫂嫂不要被他们瞒骗过去，等我杀了这个负义的人，然后请嫂嫂入城。"这时候，一支追赶关公的曹军人马赶来了。张飞以为关公带兵前来捉他，更加恼怒，挺起丈八蛇矛又刺向关公。关公急忙止住说："贤弟且慢！你看我斩了来将，以表我的真心。"

张飞说："你果有真心，我这里敲三通鼓，便要你斩来将！"关公二话没说，取过大刀，纵马迎上前去。一通鼓未尽，关公刀起，曹将蔡阳的头已落地，其他追兵便很快退走。张飞又向从许都来的士兵问了关公的情况。这时，他才相信关公并未真心投降曹操。随即请关公和两位嫂嫂进了城，设宴贺喜，各诉别后情景。后来，人们根据这个故事，编成了歇后语"张飞战关公——忘了旧情"。

[**考考你**]

张飞为什么要杀关公？

[脑筋急转弯]

你知道下面这个歇后语吗？快动脑想想吧！

搽粉进棺材——？

张飞战马超——不相上下

据《三国演义》描述，刘备出兵西川，途中受挫，向驻守在荆州的诸葛亮求援。诸葛亮与张飞兵分两路西上，在雒城会师。刘备拿下雒城后，又乘势取了绵竹。正要进兵成都时，忽然听说汉字（今陕西汉中一带）太守张鲁派马超领兵来救援西川，正猛攻葭萌关。刘备大惊，忙和诸葛亮商议对策。

张飞突然来到刘备、诸葛亮面前，要去和马超大战一场。诸葛亮不同意，张飞十分恼火。直到张飞表示要立下军令状，诸葛亮才答应他去。为保险起见，又让刘备、魏延一同前往。

到了关下，张飞错认马岱是马超，战了十多个回合，把马岱战败。第二天一早，关下鼓声大震，马超主动找张飞来挑战了。张飞恨不得马上出战，生吞马超，但一次次被刘备阻止，说要暂时避避马超的锐气。直到午后，刘备见马超人马都已疲乏，才下令出战。张飞选了五百名精兵，一往直前地冲出关来。张飞冲到关前，大声喊道：

"认得燕人张飞吗?"

马超冷冷答道：

"谁认识你这无名小辈!"

张飞大怒，一矛刺去，被马超举枪挡住，两人开始厮杀起来。

他们大战了一百多个回合，不分胜负。张飞回到阵中休息了一会儿，重又出马。又战了一百多个回合，直到黄昏，还是不分胜负。刘备鸣金收兵，准备明天再战，但张飞不肯罢休，大叫道：

"我不胜马超，誓不上关!"

马超也大叫道：

“我胜你不得，誓不回寨！”

他们在千百支火把、灯笼映照下，又战了一百多个回合，还是不相上下。随后，马超假装败走，暗暗拔出铜锤向追来的张飞扔去。张飞急忙一闪，铜锤从耳边擦过去。张飞停住马，弯弓搭箭，射向马超，马超也闪过了。

刘备看到这情况，骑马到阵前劝走了马超，喊回了张飞，二人的厮杀到此告一段落。

人们根据这个故事，编成了“张飞战马超——不相上下”，“张飞夜战马超——不分胜负”等歇后语。

张飞使计谋——粗中有细

据《三国演义》描述，刘备出兵进攻西川时，在落凤坡遭到雒城守将张任的伏兵袭击，军师庞统被乱箭射死。

这时，刘备不得不向坚守荆州的诸葛亮求援。诸葛亮把留守荆州的重任托付给关羽，决定兵分两路西上，一路由张飞率领，一路自己率领。与张飞约好，在雒城会师。

张飞领兵前进，一路收降了不少城池。这一天来到巴郡，探马报告说，巴郡太守老将严颜把守城池，不肯投降。张飞一听，大怒，马上传令出兵。

一连战了三天，没能破城。张飞叫军士沿城叫骂了两天，想引严颜出战，可城中毫无动静。

他左思右想，忽然有了计策，忙传令收兵回营，他把精兵伏在营中，挑选了三五十个老弱残兵，轮流到城下叫骂了三天，城中还是不理。他心急如焚，一连喝了几碗闷酒，忽然又有了计策。他下令兵士分头上山砍柴打草，寻找越过巴郡直达雒城的道路。过了几天，有人找到了道路，张飞马

上传令当日三更出兵。

这一情报严颜知道后，便在张飞即将经过的路旁埋下伏兵，准备奇袭张飞的车仗，以断后路。

四更过后，严颜远远望见来了一队人马，那当先的一员大将，横矛纵马，正是张飞，当张飞走过去，后面的车仗络绎不绝地来到面前时，严颜一声令下，四下伏兵随着鼓声一齐冲出来。严颜一马当先，截住了张飞后军。

严颜兵士正要抢夺车仗，忽听得一声锣响，冲出一员大将，大喝：

"老匹夫来得好，我正在等你！"

严颜回头一看，只见那大将黑脸圆眼，挥舞着蛇矛，又是一个张飞。

原来张飞料到严颜会来袭击，安排了圈套。早先过去的是假张飞。他又料定严颜的军队会以击鼓为号，他却用打锣为号。在部下的配合下，他与严颜战了十多个回合，终于活捉了严颜。

严颜英勇不屈，宁死不降，还把张飞大骂一通。张飞大怒，喝令拉出去斩首。严颜昂首阔步，走下堂去。张飞看了十分佩服他的气概，细细一想，觉得进兵雒城，有用得着严颜的地方。于是，急急忙忙追出堂来，喝住了刀斧手，不让杀他。张飞上前，亲自替他松绑，又扶他来到堂中，低头拜道：

"刚才言语冒犯，请勿见怪。"

接着又把严颜夸了一番。严颜十分感动，立刻答应投降，并愿为进发雒城开道。随后，严颜为前部，张飞领兵在后，一路全由严颜招降，不费吹灰之力便到了雒城。诸葛亮见到张飞，问明他沿途情况后，赞道：

"张将军能够用计，真是一件大喜事！"

后来，人们根据这个故事，编成了"张飞使计谋——粗中有细"、"张飞计擒严颜——粗中有细"等歇后语。

[考考你]

张飞用什么计谋使严颜投降的？

[趣味大转盘]

读读下面有关张飞的歇后语(续)，相信你会对张飞有进一步的了解。

张飞卖铜锣——人硬货响

张飞的胡子——满脸都是

张飞贩私盐——人强货不强

张飞卖肉——干本行

张飞打铁——卖硬货

张飞穿针——大眼瞪小眼

张飞上阵——横冲直撞

张飞威震当阳桥——大吼大叫

[脑筋急转弯]

你知道下面这个歇后语吗？快动脑想想吧！

冰糖煮黄连——？

孙猴子坐天下——毛手毛脚

据《西游记》描述，有个石猴出生在花果山，同猴群终日戏耍，无忧无虑。一天，众猴子来到瀑布边游玩。大家商议，谁敢穿进瀑布去找水流源头，就拜他为王。石猴自告奋勇，说：

“我进去！我进去！”说着，闭上眼睛纵身钻进了瀑布之中。不一会儿，石猴站住脚，定睛一看，原来里面无水。眼前是座石桥，桥旁有块石碑，碑上刻着“花果山福地，水帘洞洞天”两行大字。石桥后边有座石屋，石猴进去一看，里面还有石床、石凳、石盆、石碗，样样俱全，真是一处好住所！

石猴跳出瀑布，告诉大家洞内的情景。众猴子听了，个个欢喜跳跃，吵嚷着要搬进去住。石猴便领着大家穿过瀑布飞泉，住进水帘洞中。这时候，石猴说话了：“你们刚才说，有本事进得来，出得去，不伤身体的，就拜他为王。我现在进来又出去，出去又进来，还找到了这么一个好地方，怎么还不推我为王呢？”

众猴子遵守诺言，当即拜他为王。石猴登上王位，坐了小天下，乐得伸头缩颈，抓耳挠腮，大喊大叫，毛手毛脚。

人们根据这个故事，编成了歇后语“孙猴子坐天下——毛手毛脚”。

[脑筋急转弯]

你知道下面这个歇后语吗？快动脑想想吧！

和尚的头皮——？

孙悟空大闹天宫——慌了神

据《西游记》描述，孙悟空勇猛无敌，敢于蔑视天庭。他发现玉帝封他“弼马温”是个骗局，便取出如意金箍棒，打出南天门，回到花果山，自封“齐天大圣”，与天庭抗衡。

玉帝调兵遣将，兴师动众，对他进行镇压和诱骗。孙悟空并没有放下武器，而是激起了他的更为猛烈的反抗。他偷蟠桃，盗御酒，窃仙丹，败天兵，一而再、再而三地大闹天宫。

后来，玉帝费了九牛二虎之力，搬请各方神祗佛道，才把他拿住，投入了太上老君的八卦炉熔炼，没想到却炼出了他的一双火眼金睛。

孙悟空纵身跃出八卦炉后，又抡起金箍棒，左冲右突，天宫顿时大乱！悟空一路杀到灵霄殿前，直杀得九曜星关门闭户，四天王无影无踪。

他还高声喊叫：

“皇帝轮流做，明年到我家！玉帝老儿，快快搬了出去，将天宫让给老孙！如若不让，定叫你永不安宁！”那帮天兵和三十六员雷将，二十八座星宿，闻讯赶来挡住悟空，护住玉帝。

孙悟空经过八卦炉的锻炼，更加刚强结实，一个人虽被团团围困在当中，却毫无惧色，越战越勇。

他手中那根金箍棒，舞得像纺车儿一样，滴溜溜直转，谁也不敢靠近他。孙悟空这一阵子大闹，天宫诸神一片慌乱，个个束手无策！

人们根据这个故事，编成了歇后语“孙悟空大闹天宫——慌了神”。

［考考你］

孙悟空为什么要大闹天宫？

［脑筋急转弯］

你知道下面这个歇后语吗？快动脑想想吧！

爆竹头上放炮——？

孙大圣听见紧箍咒——头痛

据《西游记》描述，唐僧到西天取经，走到两界山时，只听得山脚下有人呼唤着：

“我师父来也！我师父来也！”原来是被如来佛压在山下的孙悟空在叫。

唐僧到山顶上揭掉了如来佛的金字压帖，地裂山崩之后，孙悟空获得了解放。他对唐僧感激得五体投地，愿做唐僧的徒弟，护送他到西天取经。

前进途中，他们遇到了六个拦路抢劫的歹徒，被孙悟空一一打死。唐僧嫌他太凶恶，老是唠叨个不停。

孙悟空一气之下，离开了师父，到了东海龙王身边。在龙王的劝导下，孙悟空醒悟过来，又回到了唐僧身边。

在孙悟空离开唐僧之后，观世音化作一位老婆婆来到唐僧跟前，给了他一套衣帽，并告诉他一篇紧箍咒经，教给他管住孙悟空的方法。

孙悟空回到唐僧身边后，在唐僧的包裹中发现了那漂亮的衣帽，便央求师父给他穿戴上。唐僧见孙悟空戴上帽子，便默默地念了一遍紧箍咒。孙悟空叫道：

“头痛！头痛！”

唐僧又念了几遍，孙悟空痛得直打滚，抓破了嵌金的花帽。唐僧怕他扯断金箍，便住了口。

不念时，他就不痛了。孙悟空伸手往头上摸摸，花帽像一条金线儿模样，紧紧地勒在上面，取不下，也揪不断，已在头上生根了。

孙悟空想到了耳中的法宝，于是取出金箍棒，插进箍里，往外乱拨。唐僧又念起咒，他依旧生痛，痛得面红耳赤，眼胀身麻。唐僧不忍心，又住了口，他又不痛了。

孙悟空说：

“我这头痛，原来是师父咒我的。”

唐僧说：

“我念的是紧箍经，何曾咒你？”

孙悟空说：“你再念念看。”

唐僧当真又一念，他的头又痛起来，直叫：

“莫念，莫念！这是怎么搞的？”

唐僧说：“你现在可听我教诲了吧？”

孙悟空说：“听教了！”

“你再可无礼了？”

“不敢了！”

孙悟空嘴里这么说，心中并不这么想。他把那金箍棒晃一晃，顿时变作碗一般粗细，就想去打唐僧。唐僧忙念了两三遍紧箍咒，孙悟空跌倒在地，丢了铁棒，不能举手，央求道：“师父！我晓得了！再莫念，再莫念！”

后来，孙悟空知道这咒是观世音传授给师父的，大怒，说以后一定要去揍她。经师父劝告，他才打消了这个念头，表示死心塌地保送师父去西天取经。

后来，人们根据这个故事，编成了“孙大圣听见紧箍咒——头痛”、“孙悟空戴上紧箍咒——有法无用”等歇后语。

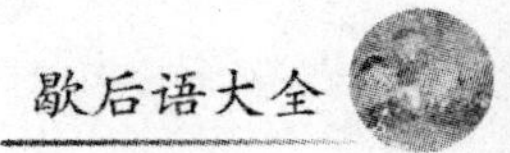

[脑筋急转弯]

你知道下面这个歇后语吗？快动脑想想吧！

冰块掉进醋缸里——？

孙悟空变土地庙——尾巴难藏

据《西游记》描述，齐天大圣孙悟空大闹天宫后，玉皇大帝曾派十万天兵、十八架天罗地网，围山收伏，没有得胜。随后又派外甥二郎神到花果山去擒拿他。

二郎神与大圣相遇后，战了三百多个回合，不分胜负。这时，二郎神摇身一变，变得身高万丈，两只手举着三尖两刃神剑，往大圣头上砍来。大圣也使神通，变得与二郎神身躯一样，举一条如意金箍棒，挡住了二郎神。

这时，二郎神的随从们一拥而上，杀向水帘洞。小猴们吓得上山的上山，归洞的归洞。大圣见势不妙，没有恋战，拔腿就跑。二郎神的随从把他拦住了。他摇身一变，变作一个麻雀儿，飞到树梢头上。

二郎神见此情景，也摇身一变，变作一个雀鹰儿，飞向那麻雀。大圣见了，忽又变作一只大鹚老，飞上了天。二郎神见了，急忙又变作一只大海鹤，钻上云霄去追。大圣又从天而降，钻入涧中，变作一条鱼儿，潜入水中。二郎神赶到涧边，马上变作一只鱼鹰，飘游在水面上，等待着鱼儿露头。大圣发觉后，又变作一条水蛇，游到岸边，钻入草丛中。二郎神又变作一只朱绣顶的灰鹤，伸着长嘴巴，来吃这水蛇。水蛇跳一跳，又变作一只花鸨。二郎神即现原身，走将过去，拽满弹弓，将弹子打过去。

这时，大圣忙滚下山崖，伏在那里又变成了一座土地庙儿：大张着口，像个庙门；牙齿变作门扇，舌头变作菩萨，眼睛变作窗棂。只有尾巴不好收拾，竖在后面，变作一根旗竿。

二郎神赶到崖下，不见打倒的鸨鸟，只有一间小庙。仔细看时，见旗竿立在后面，笑道：

“是这猢狲了！他又在那里哄我。我也曾见过庙宇，但没有见一个旗竿竖在后面的。这肯定是他耍的花招。他若哄我进去，便会一口咬住我。我怎么会肯进去呢？我要抡起拳头，先捣窗棂，后踢门扇！”

大圣一听，心想：

“好狠！好狠！门扇是我的牙齿，窗棂是我的眼睛。若打了牙，捣了眼，却如何是好！”

于是他扑地一个虎跳，又升腾上天了……

后来，人们根据这个故事，编成了“孙悟空变土地庙——尾巴难藏”、“孙猴子变山神庙——露了尾巴”、“孙猴子的尾巴——变不了”等歇后语。

孙悟空碰到如来佛——无法

据《西游记》描述，孙悟空在八卦炉中炼了四十九天之后，不但没有化为灰烬，而且本领变得更大了。玉皇大帝对付不了他，只好命部下到西方灵山胜境去请如来佛。

如来佛随即来到灵霄宫，叫众神退开，请孙悟空出来相见。如来佛与孙悟空各自介绍了一番之后，如来佛说：

“你除了长生变化之法，还有什么才能，竟想占天宫胜境？”

大圣说：

“我的手段多着哩！我有七十二般变化，可千年万载长生不老。还会驾筋斗云，一纵十万八千里。怎么坐不得天位？”

如来佛说：

“我与你打个赌吧，你若有本事，一个筋斗翻出我这右手掌中，就算你赢，不用动刀动枪，就请玉帝到西方居住，把天宫让给你；若不能翻出手掌，你还下界为妖，补修几千年，再来较量。可以吗？”

大圣听了，暗笑道：

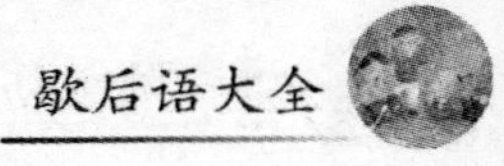

“这如来好呆！我老孙一个筋斗能翻十万八千里，他那手掌，方圆不满一尺，怎么会跳不出去呢？”

于是，立即答道：

“你这样说，可做得了主吗？”

如来佛说：

“做得！做得！”随即伸开他那荷叶大小的右手。

大圣收了如意棒，抖擞精神，将身子一纵，跳到了如来佛手心里，说了声：“我去也！”一眨眼，他便无影无踪了。大圣像风车似的只管前进。他行着行着，忽见有五根红柱子，便想：这就是路的尽头了。

这一回倒好，如来作证，灵霄宫一定是我来坐了！他为了证明自己一个筋斗翻到了这里，便想在此留个记号，以便同如来说话。他拔下一根毫毛，吹了口仙气，叫了声“变！”变来一管浓墨毫笔，在那中间柱子上写了“齐天大圣到此一游”八个大字，又在第一根柱子根下撒了一泡猴尿。大圣又翻转筋斗云，回到了如来的手掌里，说：“我已去了，现在又回来了。你叫玉帝把天宫让给我吧。”

如来佛骂道：“你这个尿精猴子！你还没有离开我的掌心呢！”

大圣说：“我已到了天边，见有五根红柱子，我留了记号在那里，你敢和我去看看吗？”

如来说：“不用去，你低下头看看吧。”大圣睁圆火眼金睛低头一看，原来在如来佛右手中指上写着“齐天大圣到此一游”，在大指根上，还有些猴尿臊气。

大圣吃了一惊说：“有这样的事吗？有这样的事吗？我把这字写在擎天柱子上的，怎么在他手指上呢？莫非他有个未卜先知的法术。我决不信，我要再走天边看看。”

大圣正想纵身跳出时，如来佛一翻手掌，把这猴王推出西天门外，将五指化作“五行山”，轻轻地把他压住了。

后来，人们根据这个故事，编成了“孙悟空碰着如来佛——无法”、“孙悟空碰着如来佛——有法无用”、“孙悟空打筋斗——十万八千里”、“孙悟空打筋斗——出不了如来佛的手心”、“孙猴子落在如来佛手里——跳不出去”等歇后语。

[脑筋急转弯]

你知道下面这个歇后语吗？快动脑想想吧！

背着手进鸡窝——？

孙猴子七十二变——神通广大

孙猴子当了猴王后，为了寻仙访佛，学习本领，便离开花果山水帘洞，飘洋过海，遍寻名山，终于来到灵台方寸山斜月三星洞，拜菩提祖师学道。菩提祖师给他起名孙悟空，要他和众师兄一起专心修炼。

孙悟空聪明伶俐，勤快好学，师父十分喜爱他。一天，菩提祖师又登坛讲道，悟空站在一旁专心听讲。听到妙处，喜得他抓耳挠腮，眉开眼笑，忍不住又蹦又跳。

菩提见了，便走下讲坛，在悟空头上打了三下，倒背着手，走进中门，将门关上，撇下大众而去。

孙悟空领悟了祖师的哑谜，心想：祖师打我三下，是叫我三更时分前去；倒背着手，走入里面，将中门关上，是叫我从后门进去，单独传授法术武艺。

他十分高兴，好不容易盼到夜深人静，三更时分，便到菩提祖师榻前，求师父传授给他长生之妙道。

菩提见悟空聪明过人，又虔诚好学，便将种种法术一一传授给他。悟空洗耳恭听，勤加修炼。

几年过后，他跟着菩提祖师学会了七十二般变化，武艺高超，神通广大，在保护唐僧去西天取经的路上，发挥了巨大作用。

人们根据这个故事，编成了歇后语“孙猴子七十二变——神通广大”。

[想象的天空]

如果你能学会孙悟空七十二变中的一变。最想学什么？为什么？

[脑筋急转弯]

你知道下面这个歇后语吗？快动脑想想吧！

矮子吃馒头——？

孙悟空闹地府——勾他的生死簿

据《西游记》描述，孙悟空从菩提祖师那里学道之后，从龙宫索来金箍棒，又回到花果山做猴王。他终日逍遥自在，广交贤友，尽情欢乐。

一天，悟空宴请各路英豪，喝得酩酊大醉。他靠在桥边松树下睡着了。朦胧中，看见两个小鬼手里拿着一张批文，上面写有“孙悟空”三个字，走近身前，不容分说，套上绳索，把他拉起就走。

悟空迷迷糊糊的，随着他们来到一座城外，抬头一看，只见城楼上嵌着三个大字：幽冥界！悟空顿时醒悟，知道这里是阎王的居所，问：

“为什么拉我到这里来？”

小鬼回答说：

“你今天阳寿已尽，我们两个带着批文，来勾你的命啦！”

悟空大叫：

“我老孙超出三界五行，不伏阎王管辖，怎么敢来勾我的命？”

说着，返身就走。两个勾魂鬼死死拉住，一定要拖他进城。孙悟空从耳中取出金箍棒，晃一晃，变成碗口粗细，随手一击，便把两个小鬼打成了肉酱。他自己解开绳索，抡着棒，打入城中。吓得那些牛头马面东奔西跑，急忙到森罗殿报告十代冥王。

话还没说完，孙悟空已经打将进来。十代冥王连忙整衣高叫：

“上仙留名！手下留情！”

悟空厉声斥责：

“你们既然不认得老孙，怎么差人勾我的命？”

十代冥王你望着我，我望着你，无以答对。悟空大声叫着：

“我是花果山水帘洞天生圣人孙悟空，你们快取生死簿来给我看看！”十代冥王不敢怠慢，就请他上殿查看。判官忙将文簿全部捧了出来。

孙悟空坐在森罗殿上，逐一查看，直查到猴属之类，魂字一千三百五十号上，才找到他的名字，上面写着：

“天产石猴，该寿三百四十二岁，善终。”

悟空说：

“我也不管它多少岁，只要消掉名字就是了！”

当即，提起笔来，把猴属名字，一概勾掉。

勾完，他把笔和生死簿丢给判官，说：

“了账！了账！今后我老孙再不属你管了！”说罢，舞着金箍棒，打出幽冥界去了。那十代冥王哪敢阻拦，只好一同去见地藏王，商量进一步对策。

后来，人们根据这个故事，编成了歇后语“孙悟空闹地府——勾他的生死簿”。

[趣味大转盘]

阎王开会——都不是人

阎王打瞌睡——点错了名

阎王爷的爸爸——老不死的

阎王爷下请帖——不去不行

阎王爷变戏法——鬼把戏

阎王爷说谎——骗鬼

阎王爷敲门——鬼到家了

[脑筋急转弯]

你知道下面这个歇后语吗？快动脑想想吧！

飞机上打拳——？

孙悟空的金箍棒——随心如意

据《西游记》描述，孙悟空下东海，找老龙王要了一件兵器——如意金箍棒。

孙悟空走出东海，回到了铁板桥头，只见四个老猴领着众猴在桥边等候。

众猴见到悟空带来的铁棒，谁也拿不动。悟空道：

“物各有主。这宝贝藏在海里，不知几千万年，到今天才放出光彩。龙王只把它看做一块黑铁，其实它是能大能小的如意金箍棒。你们都站开，我叫它变一变让你们看看。”

孙悟空将那宝贝拿在手中，叫了声：

“小！小！小！”马上它就小得如同一个绣花针儿，竟可以塞进耳朵里去。

众猴见了，十分惊讶，叫道：

“大王，还是把它拿出来耍耍吧！”猴王随即把它从耳朵里拿出来，托在巴掌上。

又叫了声：

“大！大！大！”

即刻它又变成原来一样粗，两丈多长。猴王玩到高兴的时候，他就走出洞，跳上桥，将宝贝握在手中，把腰一躬，叫声“长！”

他就长得高万丈，头如泰山，腰如峻岭，眼如闪电，口似血盆，牙如剑戟；手中那棒，上可抵九霄，下可通十八层地狱，满山群兽，七十二洞妖王，都吓得磕头礼拜，胆战心惊。猴王一收法像，那宝贝又变成绣花针儿，藏在耳朵里。各洞妖王见此情景，个个赞叹不已。

人们根据这个故事，编成了“孙悟空的金箍棒——随心如意”、“孙悟空的金箍棒——能大能小”等歇后语。

[趣味大转盘]

读读下面有关孙悟空的歇后语，可有意思啦！

孙猴子碰见如来佛——有法难使

孙猴子坐天下——有点不像

孙悟空大闹水晶宫——逼着龙王献宝

孙猴子拔毫毛——七十二变

孙悟空大闹天宫——有天大的本领

孙悟空三打白骨精——全靠帮(棒)

孙猴子打筋斗——十万八千里

孙悟空的眼睛——人妖分得清

[脑筋急转弯]

你知道下面这个歇后语吗?快动脑想想吧!

孙猴子的毫毛——?

卢生享荣华——黄粱美梦

唐人沈既济在小说《枕中记》里描写了这样一个故事:

有一个名叫卢生的少年,有一天在邯郸旅店里,遇到了一个名叫吕翁的道士。

卢生向吕翁诉苦,怨恨自己没有享受荣华富贵的好命。吕翁听了他的话后,递给他一个青瓷枕头,说:

"你睡一下这个枕头,就可以如愿以偿了。"

卢生接过枕头睡了一觉,在梦中经历了他所祈求的荣华富贵。他娶了一个聪明美丽的妻子;自己中了进士,做了大官,立了战功,当了十年宰相;妻子为他生了五个儿子,个个功成名就;到了晚年又添了十多个孙子,孙子们的妻子全都出身于名门望族。他活了八十岁,最后老病而死。

等到卢生一觉醒来,看到道士吕翁仍坐在他的身边,旅店主人在他入梦时蒸的黄粱(小米)饭还没有熟呢。

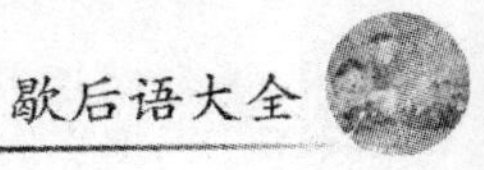

后来,人们根据这个故事,编成了歇后语“卢生享荣华——黄粱美梦”。

[**脑筋急转弯**]

你知道下面这个歇后语吗?快动脑想想吧!

酒壶里打架——?

[**想象的天空**]

卢生一梦醒来后会发生什么事呢?你能想象一下吗?有兴趣的话,可以把你想象到的内容编成一个小故事写下来,然后讲给大家听听。赶快行动哟!

王母娘摆蟠桃宴——聚精会神

古典通俗小说《西游记》中有这样一个故事:

天庭的王母娘娘要在瑶池举办蟠桃盛会,命红衣仙女、青衣仙女、素衣仙女、皂衣仙女、紫衣仙女、黄衣仙女、绿衣仙女等七姐妹,各提花篮到蟠桃园摘桃子。

到园中一看,桃子很少,又没有熟的。她们先在前树摘了两篮,又在中树摘了三篮。到后树上去摘时,见树上花果稀少,只有几个青皮的。

原来熟的桃子都被负责看管蟠桃园的孙悟空吃了。仙女们东张西望,只见向南的一枝上有个半红半白的桃子。青衣仙女用手扯下树枝,红衣仙女伸手摘下来。

这时,树枝一晃荡,隐身睡在这枝上的孙悟空被惊醒了。孙悟空现了本相,拿出金箍棒晃了晃,金箍棒一下子便变得如碗口一样粗。他大叫一声:

“何方怪物,如此大胆来偷摘我桃!”

吓得七仙女一齐跪下道：

"大圣息怒。我等不是妖怪，乃是王母娘娘派来的七仙女，摘取仙桃，大开宝阁，设'蟠桃会'。我们来到这里，先见了本园的土地等神，没有见大圣。我们怕摘不到仙桃回去无法向王母娘娘交待，所以先来到这里摘桃，万望恕罪。"

大圣听后，让仙女们起来，问道：

"王母开阁设宴，请的是谁？"

仙女道：

"上会自有旧规。请的是西天佛老、菩萨、圣僧、罗汉，南方南极观音，东方崇恩圣帝、十洲三岛仙翁，北方北极玄灵，中央黄极黄角大仙，这些是五方五老。还有五斗星君，上八洞三清、四帝、太乙天仙等众，中八洞玉皇、九垒、海岳神仙；下八洞幽冥教主、注世地仙。各宫各殿大小尊神，都一齐赴蟠桃盛会。"

大圣笑道：

"可请我吗？"

仙女说：

"不曾听说。"

孙悟空气愤地说：

"我乃齐天大圣，就请俺老孙做个席尊，有何不可？"

为打听个清楚，孙悟空用定身法把七仙女定在桃树下，他纵身跳出桃园，直奔瑶池去了。

因为王母娘娘摆蟠桃宴请的对象全是妖精、神仙，后人便编成了歇后语"王母娘摆蟠桃宴——聚精会神"。

[考考你]

读读下面以"王"字开头的有趣的歇后语。

王妈妈看鸡——越看越稀

王婆卖瓜——自卖自夸

王婆送灯台——一去不回来

王妈妈照应武大郎——不是好事

王八绘地图——规(龟)划(画)

王八吃秤砣——铁了心

王八睡觉——归(龟)宿

司马相如遇文君——一见钟情

司马,指西汉著名的辞赋家司马相如,字长卿,蜀郡成都人。在司马迁的《史记·司马相如列传》中,记述了这样一个故事:

司马相如家境贫寒,读书勤奋,好击剑,善操琴,很有才学。他同临邛(今四川省邛崃)县令王吉很熟,王吉让他住在临邛城外的大驿站中,每天特意去拜访他。

当地富翁卓王孙,听说县令有这样一个贵客,也想结识他,于是设宴邀请他来家做客。司马相如先是推托有病,后经王吉劝说才应邀赴宴。

卓王孙有个女儿,名叫卓文君,年轻丧夫,在家守寡。她很有才学,又爱好音乐,早就仰慕司马相如的才学。

这次司马来到她家赴宴奏琴,她便在暗中偷看,为司马的翩翩风采和精绝的琴艺所倾倒,司马相如也早就听说过文君出众的才貌。

他弹琴时,发觉屏风后藏着个绝色佳人,便弹了一曲《凤求凰》,用琴声来拨动她的心弦。文君听了,立刻明白了司马相如的情意。

为了追求幸福的婚姻,她不顾父亲的竭力反对,当夜便毅然离开家,跟着司马相如返回成都。她毫不计较司马家贫如洗,甘愿和他苦熬岁月。

卓王孙痛恨女儿不成器,分文不愿接济,司马和文君结婚后,便一起来到临邛,以卖酒营生。

司马相如系着围裙,亲自洗碗洗碟;卓文君在炉子旁边为顾客温酒送菜,故意使卓王孙感到难堪。这就是历史上有名的"文君当垆"的故事。

卓王孙听说自己的女儿在临邛当垆卖酒,觉得丢脸,出于无奈,只得分给文君一笔家产,打发他们离开了临邛。

后来，人们根据这个故事，编成了歇后语“司马相如遇文君——一见钟情”。

[人物背景]

司马相如(约前179—前118)，字长卿，祖籍四川成都，是西汉时期的大辞赋家。

[脑筋急转弯]

你知道下面这个歇后语吗？快动脑想想吧！

喇叭掉进粪坑里——？

司马懿破八阵图——不懂装懂

据《三国演义》描述，诸葛亮出师北伐，第四次率兵去攻打魏国时，司马懿引四十万魏兵迎战。双方来到渭滨。这里一边是河，一边是山，中央是平原旷野，确是一块好战场！两军相迎，各用弓箭射住阵角。

三通鼓响过，司马懿从魏阵中出马。只见诸葛亮端坐在四轮车上，手摇羽扇，神态安闲。司马懿劝诸葛亮回兵，诸葛亮笑道：

“等我收了中原，自然回兵。”司马懿大怒，要与诸葛亮决一胜败。

诸葛亮笑道：

“你是要斗将？斗兵？还是斗阵法？”司马懿说是斗阵法。

诸葛亮轻轻摇着羽扇，很快将部下摆成八卦阵。诸葛亮问：

“你知道这是什么阵吗？”

司马懿说：

“这是八卦阵，怎不认得！”

诸葛亮说：

“你认识是认识了，可敢攻打吗？”

司马懿说：

“既然认识它，就敢打。”

于是吩咐手下三个将领从正东生门杀入，往西南休门杀出，再从正北开门杀入，说这样就可破八卦阵。一声令下，三将各带三十名精兵，冲到阵前。

三人杀入生门，往西南冲去，却被蜀兵射住，冲不出去。阵中门户重重叠叠，难以分辨方向，三将不能相顾，只管乱冲乱撞。撞了一会儿，只听得四面喊声震天。魏军精疲力尽，昏昏沉沉，一个个都被缚住了。诸葛亮叫部下把他们的衣服脱掉，把脸涂黑，放出阵去。

司马懿一见，气得咬牙切齿，拔出剑来，指挥三军，又向蜀阵冲去，非要攻破八卦阵不可。两军刚刚相会，忽然阵后鼓角齐鸣，喊声大震，关兴领的蜀兵杀将过来。司马懿立即分兵迎敌，仍然催军向前攻打。

忽然间，姜维又引蜀兵从侧面杀来，魏军三面受敌。司马懿大惊，急忙退军。蜀军随后追来，把魏军打了个七零八落。

人们根据这个故事，编成了歇后语“司马懿破八阵图——不懂装懂”。

[快言快语]

下面绕口令最快可用五秒种读完，你能做到吗？

鹅 过 河

哥哥弟弟坡前坐，
坡上卧着一只鹅。
坡下流着一条河，
哥哥说：宽宽的河，
弟弟说：白白的鹅。
鹅要过河，河要渡鹅。
不知是鹅过河，还是河渡鹅。

[脑筋急转弯]

你知道下面这个歇后语吗？快动脑想想吧！

屁股后面挂暖壶——？

齐桓公进迷谷——靠老马识途

据《东周列国志》记述，春秋时代，山戎国（今河北省迁安县一带）侵犯燕国，齐桓公带兵去救援，打下了山戎的都城令支。山戎请孤竹国（今河北省卢龙县至辽宁省朝阳县一带）派兵帮助报仇，又被齐国军队打败。

孤竹国王答里呵令黄花元帅佯装向齐桓公投降，并以带路追赶答里呵为名，把齐国军队引诱到了迷谷。

这地方又叫瀚海，一片沙漠，没有一点水草，而且狂风怒吼，沙石乱飞，冷气逼人。

这时，齐桓公急着叫人找黄花，但已不知他的去向。挨到天亮，队伍大乱，官兵死了不少。他们迷失了方向，左冲右撞，总找不着出路。眼看就要如答里呵所预料的那样：用不着厮杀，齐国军队就要在这里死亡大半。

这时，相国管仲忽然想起：马离开原来住的地方不管多远，都能够从走过来的路径回去。

于是把这一见解告诉齐桓公，并叫无终国派来的大将虎儿斑挑选了几匹老马，任凭它们在前面行走。转来转去，老马果然把齐国军队带出了迷谷。

人们根据这个故事，编成了歇后语"齐桓公进迷谷——靠老马识途"。

[人物背景]

齐桓公（？—前643年），春秋初期齐国的国君和军事统帅。

管仲（？—前645年），名夷吾，字仲。春秋时杰出的政治家，著名的军事家、改革家。

[脑筋急转弯]

你知道下面这个歇后语吗？快动脑想想吧！

搭梯子上天——？

李逵骂宋江——过后赔不是

据《水浒传》描述，黑旋风李逵和浪子燕青投宿在刘太公庄上。当晚，听说太公的女儿两日前被梁山泊宋江强抢去了。李逵信以为真，气得他立即返回梁山寨，直奔忠义堂来，拔出大斧，先砍倒了杏黄旗，把“替天行道”四个字扯得粉碎，又抡斧上堂，要杀宋江。

众人慌忙拦住，问什么事。李逵气得说不出话来，还是燕青把经过情况说了一遍。宋江听了，便叫：

“哪有这回事？”

李逵睁圆怪眼，大声嚷叫：“我平时把你当做好汉，你原来却是畜生！快把女子送还刘老。不然，我早晚要杀了你！”

宋江说：

“你且不要闹嚷，那刘太公不死，庄客都在，可以同去面对。若对着了，我就拿脖子受你板斧；如果对不着，你这家伙没上下，该当何罪？”

李逵说：

“如果不是你，我这颗脑袋便输给你！”

众人来到刘太公庄上。李逵叫太公快来仔细认一认宋江，他提着板斧立在宋江身边，只等老汉说声是，便要下手。刘太公定睛看了又看，摇摇头说：“不是。”

宋江说：“刘太公，我便是梁山泊宋江。你的女儿，是让假名托姓的骗子抢去了。你如果打听出来，我替你做主。”回头又对李逵说：“回到寨里再来辩理！”

说罢，宋江等人先回山寨了。

燕青问李逵：

“李大哥，怎么办？”

李逵说：“只是我性太急，做错了事。既然输了这颗头，我自己一刀割下来，你拿去献给哥哥便了。”

燕青劝他不要死，教他脱下衣服，绑缚麻绳，背上荆杖，拜伏在忠义堂上，请打求饶。事到如今，李逵无可奈何，只得同燕青回寨来，跪在堂上，负荆请罪，向宋江赔不是。

宋江佯装不饶，要按军令行事，拿头抵罪。众人都替李逵求情。

宋江说："要饶他也可以，不过，他要把那假宋江捉来，讨还刘太公的女儿。"

李逵听了，高兴得跳起来，说："我去瓮中捉鳖——手到擒来！"

后来，李逵和燕青打听到是牛头山王江和董海冒名所为，便杀了这两个绿林草贼，将女子送回刘太公庄上。

人们根据这个故事，编成了歇后语"李逵骂宋江——过后赔不是"。

[**趣味大转盘**]

读读下面有关李逵的歇后语，相信你会对李逵有进一步的认识。

李逵穿针——粗中有细

李逵断案——强者有理

李逵卖刺猬——人强货扎手

李逵卖煤——人黑货也黑

李逵开铁匠铺——人强货硬

李逵扮新娘——人粗心不粗

[**脑筋急转弯**]

你知道下面这个歇后语吗？快动脑想想吧！

八十年不下雨——？

李逵断案——强者有理

据《水浒传》描述，梁山泊的好汉们，大闹泰安州，黑旋风李逵手持双斧，来到寿张县衙门，吓得知县开后门逃走了。

李逵转入后堂寻找，见到一个幞头衣衫匣子。他扭开锁，取出幞头，插上展角，戴在头上，又把绿袍公服穿上，系了角带，换上皂靴，拿着槐简，走到厅前。李逵打扮成知县模样，大叫县衙门里的吏典人等，都来参见，要排衙升堂。

众人无可奈何，只得上去答应，擎着牙杖耳朵，打了三通擂鼓，向前声诺，表示升堂。李逵见了，呵呵大笑，说：

“你们当中也得有两个装着告状，来打官司，我好判案。”

公吏们商量了一会儿，推上两个狱犯装成打架的，前来告状。

李逵高坐公堂，把衙门外的百姓都放进来看他办案。

只见两人跪在厅前，这个告状说：

“相公可怜我，他打了小人。”

那个也告状说：

“他骂了小人，我才打他。”

李逵问：

“哪个是挨打的？”

原告说：

“小人是被打的。”

又问：

“哪个是打他的？”

被告说：

“他先骂人，小人才打他。”

李逵最后判决：

“这个打了人的是好汉，先放他出去。那个不长进的，怎么挨人家打了？给他戴上枷锁在衙门前示众。”

说着，他把绿袍扎起来，把槐简揣在腰里，拿出大斧，一直看着把那个原告戴上枷锁了，押在衙门前，才大踏步走了。看热闹的百姓见他这样判案，都忍不住哈哈大笑。

后来，人们根据这个故事，编成了“李逵断案——强者有理”、“李逵升堂判案——乱打一通”等歇后语。

[考考你]

李逵是怎样断案的？

[脑筋急转弯]

你知道下面这个歇后语吗？快动脑想想吧！

斑马的脑袋——？

李逵敬酒——非喝不可

据《水浒传》描述，宋朝皇帝徽宗听说李逵巧审贪官，十分高兴。为了笼络李逵，这年中秋节，他令太尉高俅带着御酒、贡饼到镇江犒劳李逵。

高俅曾率十三万大军围剿梁山，被梁山英雄打得一败涂地，还将他活捉上山，百般奚落。

因此，他耿耿于怀，恨死了梁山英雄，总想找个机会报复一下。这次奉旨犒劳，一出京城，他就令心腹奴才将御酒倒出来，自己喝了，然后装上一坛尿，照样贴上封头。

到了镇江，他故意当着所有将官的面宣读圣旨，拿出御酒和贡饼。他知道李逵性烈如火，揭开酒坛封头闻出尿味，定会霹雳暴怒。只要李逵骂一句，或是摔破酒坛，马上就以欺君之罪，将李逵先斩后奏。

不出高俅所料，李逵揭开封头，被一股尿味冲得三孔冒火，七窍生烟，一举酒坛就要砸向高俅。

猛抬头，与得意忘形的高俅打了个照面，心里不由一怔：嗯，高俅为啥这样高兴？再一琢磨，明白了，这是高俅捣的鬼。好哇，高俅，你想叫我喝尿，俺就叫你从头到脚洗个尿澡。又一想：不妥，酒坛往高俅头上一砸，他准会一命呜呼，解恨倒是解恨，可他是钦差，又是皇上的宠臣，死了不好交差，还不如变个法儿整治整治他。

想到这里，李逵把酒坛一放，吩咐手下人：

“拿碗来，俺要给高太尉敬酒。”

高俅一听李逵要给他敬酒，情知不妙，脸上的奸笑变成了假笑：

“御酒是皇上赏赐给李大人的，高俅岂敢享用？”

说完就想溜走。李逵眉毛一拧，脸一沉，拦住高俅：

“俺看你是太尉，才好意给你敬酒，可你竟摆架子，当着诸位大人的面，扫俺的面子，俺的脾气你是知道的，从来是说一不二的，这碗酒你非喝不可。”

“李大人，不……”高俅本想再找个借口推辞，可一张口，李逵就左手抓住他的衣领，右手端起酒碗咕咚咕咚地往高俅嘴里直灌，呛得他直翻白眼。高俅想发火，又不敢。为啥？尿是自己换的。经李逵这么狠狠地一折腾，高俅只好夹起尾巴，忍气吞声地溜回了京城。

后来，军营的军士把李逵敬酒、高俅喝尿的事暗地里当着笑话传，越传越广，流传到民间，就成了这么一句歇后语“李逵敬酒——非喝不可”。

[考考你]

(1)高俅想用什么毒计陷害李逵？

(2)李逵又是怎样反击高俅的？

[脑筋急转弯]

你知道下面这个歇后语吗？快动脑想想吧！

班房里识字——？

李鬼劫路——盗名欺世

据《水浒传》描述，黑旋风李逵回沂水县接母亲上梁山泊时，因沿途官府有榜文缉拿，他只得起早赶路。

一天，他来到一片大树林里，突然从林中闪出一条大汉，喊道：

“知趣的留下买路钱！”

李逵看那人，黑墨搽脸，手拿两把板斧，便问：

“你是什么人，敢在这里拦路抢劫？”

那大汉说：

“若问我名字，吓破你心胆，老爷叫做黑旋风！你留下买路钱，便饶了你性命，让你过去。”

李逵一听，大笑说：

“你这家伙是哪里来的？也学老爷名字，在这里胡行！”

说着，提起刀直奔那汉子，只一刀就把那大汉砍倒在地，李逵一脚踏住他的胸脯，说自己正是梁山上的好汉——黑旋风李逵。

那大汉听了，连忙求饶说：

“小人叫李鬼，不是真的黑旋风。因为爷爷在江湖上有名声，提起好汉大名，神鬼也怕，因此盗学爷爷大名，在此抢劫。”

李逵大怒道：

“你在这里夺人的包裹行李，坏我的名声，岂能饶你！”

说着，夺过板斧，要砍死他。李鬼欺骗说家中有个九十岁的老母亲，无人赡养，乞求饶命。

李逵听了，饶了他性命，并给了他十两银子做本钱，劝他改业养娘。

后来，李逵在一家酒店里，发现李鬼撒谎，还同姘妇合谋要害他，感到情理难容，捉住李鬼，结果了他的性命。

人们根据这个故事，编成了歇后语“李鬼劫路——盗名欺世”。

[**快言快语**]

下面绕口令最快可用三秒钟读完，你能做到吗？试试看。

毛毛和猫猫

毛毛有一顶红帽，
猫猫有一身灰毛。
毛毛要猫猫的灰毛，
猫猫要毛毛的红帽。
毛毛把红帽交给猫猫，
猫猫给毛毛几根灰毛。

你知道下面这个歇后语吗？快动脑想想吧！

半夜三更放火炮——？

林冲到了野猪林——绝处逢生

据《水浒传》描述，林冲为太尉高俅父子所害，误入白虎节堂被捉，打了二十下脊杖，面上刺了字，发配沧州充军。解差的董超、薛霸，早被高俅用银钱收买，一路上百般折磨林冲。

一天，他们来到偏僻的野猪林。这里山林险峻，人烟稀少，当时与发配的犯人有冤仇的，用钱买通公差，在这里不知结果了多少好汉！

这时，三人走进林里，解下行李准备休息。林冲走得很累，叫了声“啊呀”！靠着一棵大树躺下了。董超和薛霸借口害怕林冲逃走，解下绳子，把他的手脚和枷紧紧地绑在树上。

这两个解差把林冲缚绑之后，却转过身去，一起拿着水火棍，冲到林冲跟前。董超眼露凶光，瞪着林冲说：

“不是俺弟兄动了恶念，只因为高太尉要我们结果你，他等着揭下你脸上的金印去回话！”

林冲泪如雨下，苦苦哀求说：

“我与二位往日无仇，近日无冤。你二位如能救下小人，至死不忘。”薛霸听得不耐烦，举棍对着林冲的脑袋劈下来。

说时迟，那时快！忽听见松树背后雷鸣似的一声大喝，一支铁禅杖飞将过来，水火棍被猛然一隔，弹出去几丈远。随即半空中跳出一个胖和尚来！

林冲得救了！原来是林冲的拜把兄弟鲁智深，事先赶到野猪林里伺机相救。鲁智深挥起禅杖，要打两个解差，林冲连忙劝说：

“师兄已救了我，休害他两个性命。”

鲁智深抽出戒刀，把绳子割断，扶起林冲，大骂两个解差的，说：“你两个听着，洒家不看兄弟面时，把你这两个都剁成肉酱！”

他喝令董超、薛霸扶着林冲，走出野猪林。

林冲死里逃生，一路上由鲁智深护送，并有两个解差侍候，安然地来到了沧州。

后来，人们根据这个故事，编成了歇后语“林冲到了野猪林——绝处逢生”。

[趣味大转盘]

《水浒传》中梁山一百零八条好汉都有自己的“绰号”，这些“绰号”即生动又贴切，请同学们读读，细细体会。

豹子头　　林冲
大刀　　关胜
浪子　　燕青
扑天雕　　李应
立地太岁　　阮小二
活阎罗　　阮小七
混世魔王　　樊瑞

[脑筋急转弯]

你知道下面这个歇后语吗？快动脑想想吧！

挨了刀的肥猪——？

林冲误闯白虎堂——单刀直入

据《水浒传》描述，林冲是东京八十万禁军枪棒教头。他有一个小家庭，过着美满而平静的生活。

后来,高衙内调戏他的妻子,他忍气吞声,没敢反抗,但这并没有换来怜悯。相反,高衙内之流处心积虑地设下陷阱,欲置林冲于死地。

有一天,林冲花了一千两银子买了一把宝刀。第二天,有两个人来找他,说高太尉听说你买到了一把好刀,叫拿去看看。林冲穿了衣服,拿了那把刀,随这两个人去了。

路上,林冲对那两个人说:

“我在府里怎么没见过您们?”

两个人说:

“我们是才来做事的。”说着说着,他们来到府前,进门到了厅前,林冲站住了脚。

两个人又说:

“太尉在里面后堂内等着您。”

林冲转过屏风,来到后堂,仍不见太尉,林冲又站住了。

那两个人又说:

“太尉在里面等你,叫我们领你进去。”林冲又过了两三重门,到了一个周围全是绿色栏杆的地方。

那两个人又领着林冲来到堂前,说:

“教头,请您在此稍等,我们即去禀告太尉。”

林冲拿着刀,站在檐前。那两个人进去好久,仍不见出来。林冲产生怀疑,抬头往帘后一看,只见檐前额上有四个大字:

“白虎节堂”。

林冲猛然一惊,心想:这节堂是商议军机大事之处,不是随便可到的地方!他急忙回身,想赶快走开。

就在这时,高太尉突然走出来。喝道:

“林冲,没谁叫你,怎么敢随随便便入白虎节堂!你还知不知道法规?你手里拿着刀,莫非是来刺杀我?”

林冲申辩了一番,太尉根本不听,大声骂道:

“胡说!左右!把这个家伙推出去,押送开封府处理!”

后来,人们根据这个故事,编成了歇后语“林冲误闯白虎堂——单刀直入”。

[考考你]

高太尉想了什么毒计陷害林冲?

[脑筋急转弯]

你知道下面这个歇后语吗?快动脑想想吧!

矮子爬坡——?

林冲雪夜上梁山——逼的

据《水浒传》描述,豹子头林冲,本来是东京八十万禁军的枪棒教头,武艺高强,忠于职守。

为了保全自己的前程和美满的小家庭,他惟恐得罪上司,尽量克制自己。

他亲眼看到自己的妻子被人调戏,正要举拳打时,认出此人是他的上司太尉高俅的干儿子高衙内,手就软了。他想的是"不怕官,只怕管",只好忍受屈辱,宁肯自己吃亏也不敢表示反抗。

以后,花花公子高衙内想霸占他的妻子,处心积虑地设下陷阱,使他误入白虎堂,结果被以谋刺为名关进监牢,刺配沧州。

在充军的途中,林冲又被高俅收买的两个解差百般折磨,他也只是忍气吞声,到了野猪林,两个公差企图杀害他,被一直暗中保护他的鲁智深救了,而当鲁智深要杀这两个公差时,他反而出面求情。

林冲到了沧州后,被分配去管理草料场,高俅又派来两个帮凶想用火烧死他。林冲被搞得家破人亡,无地容身,陷入绝境,再不反抗就只有死路一条了。

因此,在一个风雪交加的夜里投奔了梁山。

后来,人们根据这段故事,编成了"林冲雪夜上梁山——逼的"、"林冲上梁山——官逼民反"等歇后语。

[人物背景]

林　冲

林冲，在梁山一百零八条好汉中排行第六，马军五虎将第二。

早年是东京八十万禁军枪棒教头。因他的妻子被高俅儿子高衙内调戏，自己又被高俅陷害，在发配沧州时，幸亏鲁智深在野猪林相救，才保住性命。林冲被发配到沧州牢城看守天王堂草料场时，又遭到高俅心腹陆谦放火暗算。林冲杀了陆谦，冒着风雪连夜投奔梁山泊，为白衣秀士王伦不容。晁盖、吴用劫了生辰纲上梁山后，王伦更不容这些英雄，林冲一气之下杀了王伦，把晁盖推上梁山首领之位。林冲武艺高强，打了许多胜仗。在征讨江浙一带方腊所率领的起义军胜利后，林冲中风，被迫留在杭州养病，由武松照顾，半年后病故。

[脑筋急转弯]

你知道下面这个歇后语吗？快动脑想想吧！

矮子吃粉丝——

张果老倒骑毛驴——往后看

张果老是传说中的八仙之一。他本是一个穷赶脚，常年赶着驴子，帮人运点货物，日子过得很艰难。有一天中午时分，他赶着小毛驴来到一座破庙前，正饿得肚子咕咕叫的时候，突然闻到一股异常的香气。

他环顾四周，空荡荡的，眼前只有一座破庙，很明显，香气是从那里散发出来的。他把毛驴拴在庙门前的一棵小树上，推开虚掩着的庙门，走了进去。

进去一看，张果老一下子愣住了：一向无人的破庙里，竟然支了一口大锅，那灶膛里架着的劈柴烧得正旺。

他掀开锅盖一看，啊，原来是一锅炖得滚烂的喷香的肥肉。

他十分惊奇，四下瞧瞧，没有人，他猜想是神仙显灵了。要不，谁会在这破庙里专门为他备下一锅肥肉汤呢？他尝了一口汤，味道出奇的鲜美，他分不出锅里到底煮的是什么肉，反正是他从来没吃过的。庙里没有碗筷，他就从门外的小树上掰了根树枝当筷子吃将起来。

这锅肥肉汤不是神仙显灵，而是另有一番来历：

原来，离这庙不远处，有座学馆，里面有一个性情孤僻的教书先生。他整天修身养性，想有朝一日升天成仙。

有一天，他从一个学生口中听到消息，说是在离学馆不远的荒坡地里，经常有一个光屁股的白胖胖的小孩出来玩耍，不知是哪家的孩子，也不知道回家。先生一听，心中暗喜，他断定这个孩子是一支成了精的何首乌，一定要想办法得到这件宝贝。

他买来了一扎丝线和一根绣花针，把丝线的一头穿在针眼上交给学生带着，让学生同那个小孩玩时把针扎在小孩身上。学生照老师的话做了。

这位先生顺着红丝线一直找到了这东西生长的地方，刚好在这座破庙后的地里。他趁没人的时候，从很深的地下终于挖出了一棵长得肥肥胖胖的何首乌。

他怕走露了风声，便没敢拿回学馆去，就在破庙里支起锅，想独个吃了完事，没想到他在煮熟了何首乌，回去拿碗筷的时候，前庄来了个家中办喜事的朋友，硬拉他去写对联，写好了对联又留他吃喜酒。

就这样，时间一拖再拖，炖得烂熟的一锅仙肉汤却没能吃上。

这位先生急得抓耳挠腮，张果老却吃得满嘴流油。他吃饱了，就将剩下的喂了小毛驴。

张果老吃罢肉，喝罢汤，心中美滋滋的，正要坐下来抽袋烟，却一眼看见有个人慌慌张张地朝他走来。“不好，八成这锅肉是他炖的！”张果老忙站起身，解开驴绳，两眼盯着来人，屁股一抬倒坐在驴背上，“得儿——嘟！”接着一个响鞭，驴儿四蹄嗒嗒，飞快地跑起来。他两眼眨也不眨，直盯着那个人，生怕他追上来。

就在这快跑之中，仙药已经生效，那驴儿也因喝了仙汤，四蹄离开地面，腾云驾雾似地飞了起来。

张果老倒骑在小毛驴上，只觉得身轻似燕，行若疾风流水，越飞越远，越升越高。破庙和那个追来的人早已看不见了。

后来，人们根据这个故事，编成了"张果老倒骑毛驴——往后看"、"张果老倒骑毛驴——背道而驰"、"张果老倒骑毛驴——怕见畜牲面"等歇后语。

[故事小质疑]

何首乌是什么？

何首乌原名白首乌，相传因泰山白发何翁（何立德）吃了之后须发变黑，返老还童，故泰山一带称白首乌为何首乌。何首乌药效很好，能养血益肝、强筋健骨、让头发变黑等。

[脑筋急转弯]

你知道这个歇后语吗？快动脑想想吧！

城隍庙菩萨拉胡琴——？

司马昭之心——路人皆知

据《三国演义》描述，三国时代，魏国司马懿杀死曹爽后，曹氏政权逐渐转到了司马氏手中。司马懿的儿子司马师、司马昭相继执政。司马昭做了相国后，更加专横跋扈，大肆屠杀曹氏集团中的人。他威逼年轻的魏帝曹髦封他为晋公；但当曹髦封他为晋公时，他又假惺惺地辞谢不受，其实司马昭是想叫曹髦让位给他当皇帝。曹髦知道了他这个阴谋，气愤地骂道：

"司马昭之心，路人皆知也。"曹髦认为与其坐着等死，还不如早下手为强。于是便带着人马去进攻司马昭，结果被司马昭手下的人杀死了。曹髦死后，司马昭做贼心虚，怕人咒骂，又假意要立曹奂做皇帝。

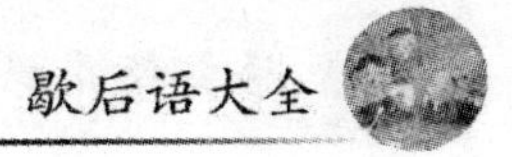

不久，他的儿子司马炎废除魏帝曹奂，建立了西晋王朝，为晋武帝。

人们根据这个故事，编成了歇后语“司马昭之心——路人皆知”。

[考考你]

司马昭有什么坏心思?

[脑筋急转弯]

你知道下面这个歇后语吗？快动脑想想吧！

司机闹情绪——？

比干宰相——无心

《封神演义》里有个妲己设计害死比干的故事。

有一天，狐狸精妲己邀请狐群变作神仙来赴宴，结果露出了狐狸尾巴，被宰相比干识破了。

比干在武成王黄飞虎帮助下，烧死了洞穴里的狐狸，并用尚未烧焦的狐狸皮制了一件袍子献给纣王。

他想以此来教训妲己，使妖精不敢再捣乱；同时也想提醒纣王，使他悔悟，不再迷恋妖精。

妲己见到狐狸皮袍是用她子孙的皮毛制作的，顿时心如刀绞，恨透了比干，暗暗骂道：

“比干老贼！你烧死我的子孙还不罢休，又来欺侮我。我不把你的心剜出来，就没脸当王后！”

于是，她伙同九头雉鸡精胡喜媚，暗施毒计。

这一天，纣王左拥妲己、右抱喜媚正饮酒作乐，妲己突然大叫一声，跌倒在地，口喷血水，不省人事了。喜媚说，她这种病，只有用一片玲珑心煎汤吃下去才能治好。喜媚还说朝中只有比干宰相是七窍玲珑之心。荒唐透顶的纣王二话没说，连忙把比干召进来。

比干自知此去凶多吉少。他按照姜子牙的吩咐，做了如此这般的准备，然后穿上朝服，去见纣王。

上朝后，比干怒责昏君听信妖言，陷害无辜忠良。纣王昏迷不悟，不但不听劝谏，还传令武士把比干的心剜下来。比干怒不可遏，接过利剑，自己将腹剖开，掏出心来，往地上一掷，回身跑出午门，上马往北门去了。

大约走了几里路，见路旁有个妇女手提篮子，叫卖“无心菜”。比干勒住马，问她：

“人若是无心，会怎么样？”

妇女答：

“人若无心，就会死掉。”

比干听她这么一说，大叫一声，跌下马来，一腔热血溅在地上，当即死去了。

人们根据这个故事，编成了歇后语“比干宰相——无心”。

[人物背景]

比干，殷商第二十九代王文丁之子，商代著名宰相，也是历史上“以死谏君”的忠臣。他曾封于比地，故名比干。

[脑筋急转弯]

你知道下面这个歇后语吗？快动脑想想吧！

鼻孔里插大葱——？

林黛玉葬花——自叹命薄

据《红楼梦》描述，林黛玉生于书香门第，聪慧机敏，可惜自小体弱多病，离不了药物。她六岁时亡母，父亲林如海公务繁忙，她便被送到外祖母家贾府寄养。

不久，林如海病死在扬州，林黛玉被接回扬州，送父亲的灵柩返回苏州，事后又回到贾府。这时，她已成了寄人篱下的孤儿。她自从进了贾府，一向谨小慎微，说一句话，走一步路，都处处留心。

林黛玉进贾府后，和贾宝玉特别合得来。随着年龄的增长，两人产生了爱情。但在封建礼数的束缚下，两人不便明白地表示相爱。

后来又因薛宝钗的到来，更增加了黛玉的忧愁和烦恼。她担心自己无父无母，无人作主，将来难以实现心愿。因此，她经常自叹自怜，触景伤情。大观园里的繁华热闹，别人家中的笑语温情，乃至自然界的阴风夜雨，落花飞絮，无一不在她的心里挑起无限的伤感和凄楚。

这一年的芒种时节，大观园的树枝上扎满了许多轿马，系了数不清的彩旗，表示替花神们饯行。因芒种一过，便是夏日了。

这天一大早，大观园里热闹非凡，姐妹们都在园里玩耍，然而林黛玉却没有来玩。宝玉望着满地的花瓣，不见黛玉来收拾，估计她一定是为什么生气了，便很想去找找黛玉。

宝玉收拾起地上的落花，兜着花向那一天和黛玉葬桃花的地方奔去。还没转过山坡，只听见花冢那边有人在呜呜地哭。仔细一听，好像是黛玉的声音。宝玉呆住了。

在花冢边哭的正是黛玉。她因昨晚到宝玉那里去，晴雯不开门，错疑在宝玉身上，因而十分悲伤，现在借饯花之机感花伤己。她一边掩埋残花落瓣，一边低声吟着诗句：

“花谢花飞飞满天，红消香断有谁怜？……闺中女儿惜春暮，愁绪满怀无着处；手把花锄出绣帘，忍踏落花来复去？……一朝春尽红颜走，花落人亡两不知……”

宝玉听到黛玉的这首葬花诗，也抽泣起来。

后来，人们根据这段故事，编成了歇后语“林黛玉葬花——自叹命薄”。

[快言快语]

下面绕口令最快可用三秒种读完，你能做到吗？试试看。

送　花

华华有两朵红花，
红红有两朵黄花。
华华想要黄花，红红想要红花。
华华送给红红一朵红花，
红红送给华华一朵黄花。

[脑筋急转弯]

你知道下面这个歇后语吗？快动脑想想吧！

不倒翁沏茶——？

画蛇添足——多此一举

《战国策》上有这样一个故事：楚国有个庙宇的主人，给看守庙宇的几个人一壶酒。这几个人互相商议之后说：

“如果我们几个人都喝这一壶酒，就不够喝；若让一个人喝，让谁喝呢？现在我们每人都在地上画一条蛇，谁先画好，谁就喝这一壶酒。”

说着，几个人就在地上画起蛇来。其中有一个人先把蛇画好了，伸手拿起酒壶准备往嘴里倒酒。

可是，他看见其余几个人还没有把蛇画成，就左手端着酒壶，右手又在地上作画，并且得意洋洋地说：

“我还能替蛇画出脚来呢！”

当他还没有把蛇脚画出来，另外一个人却已经把蛇画成功了。

那人马上从他手里夺过酒壶，不客气地说：

“蛇本来没有脚，你怎么能够替它添脚呢？”

于是，这个人非常高兴地把酒喝了。替蛇添脚的人只得懊恼地看着他淌口水。

后来，人们根据这个故事，编成了歇后语“画蛇添足——多此一举”。

[请你说两句]

在你的学习和生活中，你是否也犯过类似的问题呢？请你大胆地说一说，好吗？

[脑筋急转弯]

你知道下面这个歇后语吗？快动脑想想吧！

鼻孔穿草绳——？

水仙不开花——装蒜

传说在水仙花的故乡——福建省漳州府圆山顶下住着两兄弟，父母死后，哥哥先占了好的田地，只把一块荒石坝分给弟弟。

弟弟实在难以度日，急得没有办法，只有痛哭流涕。他哭得很伤心，感动了土地神。

土地神见他是个老实人，有心要帮助他，就变成一个扶杖老人，拿着一个蒜头样的东西来给他，说：

“这是水仙花头，你拿去种在荒石坝上，明年便可以卖得很多钱。”

弟弟将信将疑地问：

“我能种水仙花，别人也能种，怎么能卖钱？”

老人笑呵呵地告诉他：

“年轻人，不用担心，这是玉皇大帝下过咒语的，谁移栽都不开花，第二年还得向你买。”说完，老人就不见了。

弟弟依照老人的嘱咐，便在荒石坝上种起水仙花来。果然，到了冬末初春时，水仙花儿开得清香、雪白，逗人喜爱。头一年就卖了很多钱。

哥哥因为好吃懒做，这时早已把家产花光了，见到弟弟种水仙花赚大钱，便向他要水仙花种。弟弟念手足之情，拿了些花种给他。

可是，哥哥种的水仙就是不开花，便埋怨弟弟，骂道：

"水仙不开花——装蒜！"

弟弟心想：为什么移栽的花头不开花？他便仔仔细细地观察自己种的水仙花头和移栽以后的水仙花头，发现自己原来种的花根上有个裂口。

于是，他进行反复试验，终于获得一手绝招：人工刻花头，也就是用刀刻开花头，使包在里面的花芽得到生长，这样移栽的花头也能开花了。

这一来，弟弟成了远近闻名的花农。他种的水仙花畅销国内外，连他哥哥骂他的那句歇后语也传得很远，一直流传到今天。

[考考你]

将下面句子中画线的部分换成一个词语，句子意思不变。

(1)弟弟将信将疑地问："我能种水仙花，别人也能种，怎么能卖钱？"（　　　　）

(2)这一来，弟弟成了远近闻名的花农。（　　　　）

[趣味大转盘]

你知道鲜花所包含的意思吗？下面搜集一些，读一读，可有意思啦！

玫瑰——爱情

剑兰——步步高升

康乃馨——温馨

菊花——健康

勿忘我——永志不忘

郁金香——幸福

百合——百年好合

文竹——文雅

鹤望兰——自由

龟背竹——长寿

香雪兰——浓情幸福

马蹄莲——永结同心

香百——高贵

叶公好龙——口是心非

《新序·杂事》上记述了这样一个故事：

春秋时代，陈国有个孔子的学生叫子张。一天，他去拜见鲁哀公(姬蒋)，一连等了七天，哀公都没有用应有的礼节接待他。子张托车夫传话说：

“我听说您喜爱读书人，所以不顾遥远的路程，冒着霜露，披着风尘，走了几千里路，脚上磨起了很厚的茧，也不愿停下来歇一下，匆忙赶来见您。谁知道等了七天，您都不接见。您喜爱读书人，真有点像叶公子高喜爱龙呀！叶公子高喜爱龙，家里凡是可以雕花的地方，都刻上了龙的形象。天上的龙知道人间有一个叶公这么热爱它，便特地来拜访叶公。龙先把头从窗口伸进来，尾巴还拖在厅堂上。叶公见了，便吓得失魂落魄，掉头就往外跑。可见叶公只是口头上喜爱龙，而内心里并不喜爱。我听说您喜爱读书人，所以不远千里来见您，而您过了七天都不接见，您实在不是真喜爱读书人，而是喜爱那种外表上像读书人，实际上不是读书人的人啊！《诗经》上说：‘把话藏在心里，不知道哪一天才能忘记哩(原诗是“中心藏之，何日忘之”)！’我只好托人把话转告你就走了。”

子张引用的这个故事，是嘲笑叶公子高不是真正喜爱龙，而是喜爱一种表面形态像龙，但实际上不是龙的东西。

后来，人们根据这个故事，编成了歇后语“叶公好龙——口是心非”。

[考考你]

龙来了，叶公为什么吓得逃跑了？

陈世美犯法——包办

传说宋仁宗年间，荆州有个穷苦学生，名叫陈世美，靠妻子秦香莲织布卖钱读书。

有一年，他进京赶考，中了状元，又被招为驸马，便忘掉了家中的爹娘和妻子儿女，成为不孝不义之徒。

荆州连年荒旱，这一年，秦香莲领着一家老小进京寻找陈世美，年迈的公婆惨死在途中。

秦香莲带着孩子历尽艰辛到了京城，找到了陈世美。陈世美怕事情败露，落个欺君的罪名，故不敢认她。

老丞相王延龄知道后，苦口婆心地劝陈世美将秦香莲认下，自己愿在皇上面前承担一切罪责。忘恩负义的陈世美不但拒不认妻，反而恶言顶撞了老丞相。

陈世美见事已败露，为了保住高官厚禄，竟起杀人灭口的恶念，命侍从韩琪去追杀被赶走的秦香莲母子三人。幸亏韩琪舍身仗义，秦香莲母子才得以死里逃生。恰巧，包拯从陈州放粮回来，途中遇到秦香莲喊冤状告陈世美。

包拯查明情况后，用计把陈世美弄到开封来。陈世美一见秦香莲，拔出三尺龙泉剑就要杀她母子三人。

包拯喝令"住手"，并叫他认下母子三人。陈世美坚决不认，大模大样地命令侍从立即带马回府。

包拯说：

"只怕你来得去不得！"陈世美依仗权势，竟然训斥包拯"做事荒唐"。包拯立即传令升堂，带上原告，出示杀人证据，定要"执法如山不轻饶"。

陈世美见事不妙，企图以势压人，要包拯上朝见皇上，包拯定要"先打官司后上朝"。陈世美有恃无恐，竟敢藐视执法如山的包拯。

包拯容不得他在开封府张牙舞爪，当即命令衙役摘掉他的乌纱帽，脱下他的紫金袍，将他按跪在地，问他招不招。陈世美拒不招罪，包拯命令衙役将他绑了，押进死牢待铡。

公主闻讯赶来，软硬兼施，要救驸马，包拯执意要铡。国太闻讯赶来，威逼利诱，要救驸马，包拯坚决不肯。国太又以死相逼，包拯大义凛然，毫无畏惧，宁愿自己掉头，也要为民伸冤。他自己摘掉头上的乌纱帽，脱下身上的锦丝袍，毅然传下令去，要刀斧手开铡，斩了陈世美。

后来，人们根据这个故事，编成了“陈世美犯法——包办”、“包公铡皇亲——法不容人”等歇后语。

[脑筋急转弯]

你知道下面这个歇后语吗？快动脑想想吧！

赤脚踩钢丝——？

白素贞哭断桥——想起旧情来

据《白蛇传》描述，白素贞为要回被骗上金山的郎君许仙，与法海等恶战了一场，累得她精疲力竭。

突破重围时，她又与小青失散，一个人狼狈不堪地逃回西子湖畔。

正在腹痛难忍、行走艰难之际，小青赶来了。姐妹相见，抱头痛哭。小青见师姐百般痛苦，寸步难行，便扶她寻找个地方休息一会儿。

她们来到湖边，白素贞抬头一望，前边就是断桥，她不由回想起当年与许仙在此雨中相会的情景，不觉难过起来，哭泣着说：

“西子湖依旧是当年模样，看断桥，桥未断，却寸断了柔肠。”

她埋怨许仙，不该忘情；她悲叹自己，颠沛流离，有家难归。

后来，人们根据这段故事，编成了歇后语“白素贞哭断桥——想起旧情来”。

[考考你]

(1)说说下列词语在故事中的意思。

精疲力竭：

狼狈不堪：

(2)白素贞看到断桥，想到了什么？

[快言快语]

下面绕口令最快可用八秒钟读完，你能做到吗？

四和十

四和十，十和四，
十四和四十，四十和十四，
说好四和十得靠舌头和牙齿。
谁说四十是“细席”，
他的舌头没用力；
谁说十四是“适时”，
他的舌头没伸直。
认真学，常练习，
十四、四十、四十四。

牛郎约织女——后会有期

牛郎织女的故事，已在我国流传很久。说的是古时候有个孩子，人们唤作“牛郎”。他爹妈死后，便跟着哥嫂生活。哥嫂待他不好，牛郎只好与他所放牧的老牛相依为命。

牛郎一年年长大后，哥嫂把他赶出家门。于是，牛郎带着哥嫂分给他的家产——破车和老牛，离开家，来到山里生活。

一天晚上，老牛竟开口说话了，他告诉牛郎：

“明天黄昏时候，你翻过右边那座山。山那边有一片树林，树林前面有一个湖，那时候会有仙女到湖里洗澡。她们的衣裳会放在草地上。你

去捡起那件粉红色的纱衣，跑到树林里等着，去跟你要衣裳的那个仙女就是你的妻子。这个好机会你可别错过了。”

牛郎照老牛的话做了，果然与来要衣裳的仙女结成了夫妻。她就是织女，是王母娘娘的外孙女。她在天上感到不自由，愿到人间生活。他们结婚后，日子过得很美满，还生了一个男孩，一个女孩。

过了一段时间，老牛又说话了：

“我不能帮你们干活了！咱们分手了！我死了，你把我的皮留着。碰着什么紧急事，你就披上我的皮……”

老牛没说完，就断了气。

却说王母娘娘知道织女留在人间，她很恼火，非要把织女找回去不可。一天，她亲自来到牛郎家里，趁牛郎上地里干活不在家的机会，一把抓住织女飞走了。

牛郎回家知道后，他决定立即上天去追。可是怎么能上天呢？他忽然想起老牛临死时说的话。他赶紧披上牛皮，找两个筐，一个筐里放一个孩子，挑起来就往外跑。一出屋门，他就飞了起来。不一会儿，就望见妻子了。越飞越近，眼看要赶上了，王母娘娘拔下头上的玉簪儿往背后一划，牛郎的前面忽然出现一条天河。天河很宽，波浪很大，牛郎飞不过去了。

从此以后，牛郎在天河的这边，织女在天河的那边，只能远远地望着，不能住在一块儿了。他们就成了天河两边的牵牛星和织女星。

织女回去后，受到很严厉的惩罚。可是她并不死心，一定要跟牛郎一块儿过日子。天长日久，王母娘娘也拗不过她，就允许她每年七月七日跟牛郎会一次面。

每年七月七日，成群的喜鹊在天河上搭起一座桥，让牛郎织女在桥上会面。后来，人们根据这个传说故事，编成了歇后语“牛郎约织女——后会有期”。

[看星空]

每年八九月份，晚上 8 点到 10 点左右，只要天气晴朗，我国大部分地区的人们都可望见头顶上的亮星三角形——夏季星空大三角。构成此三角的三颗亮星就是织女星、牛郎星和天津四。

天文学家告诉我们，牛郎星与织女星的距离为16光年（1光年约为10万亿千米），打个比方，假如牛郎与织女互相打个电报，要等16年的时间才收得到呢！因此，牛郎与织女在每年的七月初七相会，是绝对不可能的哟！

白娘娘斗法海——精打光

据《白蛇传》描述，白娘娘端阳节吃了雄黄酒，现了原形，吓死了许仙。

她醒来后，决心救活许仙，于是不顾个人安危，到蓬莱仙岛去盗灵芝仙草，终于救活了许仙。

为解除许仙的疑虑，白娘子采用了“仓龙释疑”之计。但许仙仍半信半疑。一天，他来到江亭上，望着气势壮阔的长江，以解闷倦。

这时，法海来到许仙身旁，告诉他：

“那日你被吓死，白素贞到蓬莱岛盗回仙草，才将你救活的。那条仓龙，是她的白绫变的，你不要再执迷不悟了。”

许仙听了，怕有朝一日被白素贞吃掉，就拜法海为师，跟他上了金山。

白素贞知道后，又气又恨：气的是许郎耳朵根子软，轻信人言；恨的是秃驴法海无事生非，挑拨离间；眼睁睁一双好鸳鸯又被拆散。她越想越气，便带着小青，直奔金山，找法海算账去了。

她俩来到金山寺门外，小青忍不住满腔怒火，高声叫道：

“秃驴，还俺姑爷来！”

法海听到有女子叫喊，便带领众僧，打开山门，喝问何人在佛门静地喧闹。

小青正要上前搭话，却被白素贞一把拉住。随后，白素贞对法海讲了许多好话，想打动他，把许仙放出来。但法海是铁石心肠，无动于衷，并吹嘘自己有青龙禅杖，能镇妖魔，威吓白素贞。

白素贞就是不走，法海不由大怒。他将青龙禅杖祭起，化作一条青龙，恶狠狠地向白素贞扑来。

白素贞无奈，将手中拂尘向空中一抛，顿时变成一把银光闪闪的青锋宝剑，"咔嚓"一声将青龙拦腰斩断。那青龙仍化作两半截禅杖，落在山门前。

法海见白娘子破了自己的法宝，大惊失色，又急忙念起咒语，召来护法神将，擒拿白素贞。

白素贞决心破釜沉舟，与法海决一死战。她忙取出令旗，交给小青。小青将令旗摆了几摆，江水顿时涨了三尺。

只见水面上"咕嘟嘟"像开了锅，冒出了无数朵大浪花，虾兵蟹将、鲤鱼仙子等众水族纷纷涌出水面。白素贞向兄弟姐妹诉说了委屈，众水族义愤填膺，一个个摩拳擦掌，发誓要活捉秃驴法海，为白娘子报仇。

众水族纷纷展示手段，浪头越掀越高，顷刻间涨了数丈，眼看要淹没金山寺。

这时，众神将与众水族厮杀得不可开交。白娘子和小青越战越勇，杀得神将节节败退。

正在决定胜负的关键时刻，白娘子一阵肚子疼，无法坚持战下去。小青见势不妙，忙掩护着白娘子边战边退，冲出了重围。

后来，人们根据这段故事，编成了歇后语"白娘娘斗法海——精打光"。"精"指蛇精白素贞；"光"指秃头和尚法海。

[故事小质疑]

灵芝草真能起死回生吗？

灵芝草自古以来就是闻名中外的珍贵药材，它具有滋补、强体、益气宁神、健脾活胃、养肝解毒等功效。人们传说灵芝草能起死回生是一种夸张的说法，意在说明它很珍贵。

什么是"仓龙释疑"之计？

许仙被白娘子的原身吓死之后，白娘子盗取灵芝草救活了许仙。为了让许仙不再起疑，白娘子用法术将一条白绫变成了一条大蛇。以此证明自己不是白蛇精，以消除许仙的疑惑。

[脑筋急转弯]

你知道下面这个歇后语吗？快动脑想想吧！

坐飞机打靶——？

东施效颦——愚蠢可笑

《庄子》里有这样一个故事：

西施害心病，捂着心口，皱眉蹙额在村子里走着。村里有一个长得很丑的女人看见西施这样走路，觉得很好看，也模仿她这样走。

可是村里有钱的人看见这个丑女人，都紧紧地关上门不出来；穷人看见她，就远远地躲开。她实在太可笑了。她只知道人家皱眉蹙额看起来很好看，却不知道人家皱眉蹙额为什么好看。有些人称这个丑女人为“东施”。

后来，人们根据这个小故事，编成了歇后语“东施效颦——愚蠢可笑”。

[人物背景]

西施是中国古代四大美人之一，其它三人分别是王昭君、杨贵妃、貂蝉。词语“沉鱼落雁，闭月羞花”分别描写了四人的容貌之美。“沉鱼”指西施，“落雁”指王昭君，“闭月”指貂蝉，“羞花”指杨贵妃。

[脑筋急转弯]

你知道下面这个歇后语吗？快动脑想想吧！

独眼龙赶考——？

抱着琵琶进磨房——对牛弹琴

《弘明集》里记述了这样一个故事：

东汉末年的著名学者牟融对佛学颇有研究。有一次，他向儒家学者宣讲佛义，却引用了儒家的《诗经》、《尚书》来证明佛教的道理，而不直接用佛经回答问题。儒家学者感到奇怪，问他为什么这样做？牟融没有直接回答这个问题，却先向大家讲了一个有趣的故事——

春秋时代，鲁国有个著名的音乐家，名叫公明仪。他的七弦琴弹得十分出色。

有一天，公明仪看见一头牛在低头吃草，他兴致勃勃地为牛弹了一曲高深古雅的清角调琴曲。但是，那头牛无动于衷，仍然自顾吃草。公明仪仔细地观察了牛的神态，明白牛不是没有听见琴声，而是它根本听不懂这种高雅的曲调。

公明仪弄清原因后，改变了弦法，重新弹琴，琴声模仿着蚊子、牛蝇的嗡嗡叫声和小牛犊寻找母牛的悲鸣声。说也奇怪，那头牛立刻停止了吃草，摇着尾巴，竖起耳朵，踏着碎步，走来走去，好像很认真地听着琴声。

牟融讲完这个故事，对大家说：

“我知道你们能理解儒家经典，所以对你们提出来的问题，就引用你们所懂得的诗、书来解释。不然，你们没有读过佛经，我同你们谈佛经，不是等于白讲了吗？”听牟融这么一说，那些听讲的儒家学者都恍然大悟，更加佩服他了。

人们根据这个故事，编成了歇后语“抱着琵琶进磨房——对牛弹琴”。

[趣味大转盘]

读读下面以“抱”字开头的歇后语，可有意思啦！

抱薪救火——给人加害

抱孩子走娘家——显自己能耐

抱着孩子进当铺——人家不当人

抱着娃子看戏——恼(闹)人半夜

抱着金条挨饿死——活该

抱着灵牌谈家常——说鬼话

抱在怀里的西瓜——十拿九稳

[脑筋急转弯]

你知道下面这个歇后语吗？快动脑想想吧！

挨打的狗去咬鸡——？

佘太君挂帅——马到成功

我国传统戏剧中的佘太君，是一个有胆有识，具有强烈的爱国主义精神的女英雄形象。在丧夫失子的情况下，她强忍着巨大的悲痛，让孙儿宗保镇守三关，自己在家中统率着杨门女将演兵习武，教育孙辈。

杨宗保五十大寿时，佘太君吩咐闭门庆寿，天波府中张灯结彩，摆寿宴，忙个不停。

哪知就在这时，三关守将焦廷贵、孟定国来报凶信：杨宗保中了西夏大元帅王文的暗箭，为国殉身了。

佘太君知道后，忍住悲痛叫儿媳们："酒宴未散，还得同饮一杯！"她叫八姐换大杯来，举杯。叫道：

"宗保，好孙儿，你今天五十生辰，为国尽忠……你不愧是杨门子孙，你对得起你祖父，对得起你父亲，也对得起你母亲、你妻子。你要痛饮一杯。"

杨门众将，纷纷要为宗保报仇。宋仁宗得知边关紧急，找不到抵抗外敌的忠臣良将，也只好请太君发兵。但杨门女将们想到边关万里，一路风霜，太君百岁年高，如何受得？于是不让太君亲自挂帅出征。太君哈哈大笑说：

"儿媳们，老身正因年迈，今后为国报效机遇不多，更应前去……"

佘太君说服了众人，挂帅发兵，征讨入侵之敌西夏。西夏大元帅王文知道太君挂帅，不敢轻敌。他想乘守兵一路疲劳杀上前去。佘太君一到三关，就问敌情，看地图，料到敌人会以逸待劳，打一个措手不及，早已吩咐七娘带兵诱敌，又命穆桂英绕到敌后，攻其大营。

王文发觉中计，腹背受敌，便绕道葫芦口，从背后偷袭宋军。他到葫芦口见四处无人，十分得意，哈哈大笑说：

"老乞婆呀，老乞婆，人言你用兵如神，今日一见也不过如此！"

突然，战鼓一响，八姐、九妹带兵杀出葫芦口，王文大惊。佘太君在口上大笑，对王文说：

"你已身临绝境，快快束手就擒。"王文战败而逃。

这时，随太君出征的杨文广要求出击，太君答应了，并鼓励道：

"好，时机已到，你可立即下山，亲手杀敌，为父报仇！"

又嘱咐道：

"那贼狠毒异常，要谨防他暗箭伤人！"并命焦、孟二将随文广前往，务必当心。

杨文广记住太君告诫，接住了王文的暗箭，杀死了王文，活捉敌副帅薛德礼。太君把薛放回去，命令他告诉西夏王：

"今后若再侵犯大宋疆土，他人头难保！"

她又安排了镇守边疆的人选，在边疆上休息了几天，随后班师回朝。

后来，人们根据这个故事，编成了歇后语"佘太君挂帅——马到成功"。

[人物背景]

《杨家将》讲述的是北宋名将杨业一家世代抵抗辽（契丹）、西夏入侵的故事。全书颂扬了杨家世代忠勇卫国、前赴后继的感人事迹。

[脑筋急转弯]

你知道下面这个歇后语吗？快动脑想想吧！

半夜收玉米——？

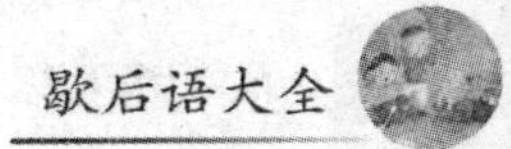

张勋复辟——痴心妄想

张勋复辟，是我国近代史上继袁世凯称帝失败之后出现的又一幕丑剧。

辛亥革命推翻了清朝的封建专制统治，一帮封建余孽时刻梦想复辟，重振清室，张勋就是这种反动势力的代表人物之一。

辛亥革命时，张勋任清朝的江南提督，在南京极其凶顽地抗拒革命，被提升为代理两江总督、南洋大臣。他的兵将一直保留着辫子，作为怀念旧主、效忠清朝的标志。因此，人们称他为“辫帅”，称他的军队为“辫子军”。

1917 年 6 月，当时担任大总统的黎元洪和国务总理段祺瑞，争权夺势，发生冲突。张勋以调停他们之间的冲突为名，先是胁逼黎元洪解散国会，随即拥兵驻进北京，勾结保皇党人康有为，称谓“文武合璧”，准备复辟。

6 月 30 日，张勋逼令黎元洪下台，“奉还大政”于“清室”，黎元洪逃入外国公使馆。

7 月 1 日，张勋、康有为宣布复辟帝制，大封百官，改民国六年为宣统九年。张勋自封为议政大臣、直隶总督兼北洋大臣，康有为当了弼德院副院长，其他复辟分子也都得到了重要的职位和封爵。当时北京的封建遗老遗少们欣喜若狂，粉墨登场，纷纷抢购已经被用作装殓死尸的“朝服”。

对于张勋的复辟活动，全国人民奋起反对，纷纷致电声讨。本来暗中支持张勋复辟的段祺瑞，见解散国会、驱逐黎元洪的目的已经达到，人心可用，乘机组织“讨逆军”，宣布反对复辟，誓师讨张。

7 月 12 日，张勋兵败，逃入外国使馆，其余复辟丑类纷纷逃散，为时十二天的复辟丑剧宣告闭幕。

这真是：鼠窃狗盗复辟狂，紫禁城里摆戏场；朝珠蟒服才着体，眨眼一枕梦黄粱。

后来，人们根据这段故事，编成了歇后语“张勋复辟——痴心妄想”。

[人物背景]

辛亥革命:1911 年 10 月爆发的辛亥革命,是 20 世纪中国历史上第一次具有划时代意义的深远的社会变革。它推翻了统治中国两千多年的君主专制制度,是中国人民前进道路上的一个伟大的里程碑。

[脑筋急转弯]

你知道下面这个歇后语吗？快动脑想想吧！

长颈鹿的脑袋——？

张良卖剪刀——贵贱一样货

据传说,秦朝末年,张良因刺杀秦王不成,便隐姓埋名,逃到了邳城(今江苏睢宁西北),跟铁匠朱侉子学手艺打剪刀。朱侉子先让他卖剪刀,每天十把,卖完了回到铁匠铺吃饭。

有一天,生意不好,集市都散了,张良才卖掉九把。他拿着剩下的一把剪刀,四个城门都走遍,还是没有人要。天色已晚,月亮出来了。张良又来到城东门的圯桥上,只见一位老人盘着腿坐在桥上赏月。

张良上前问道:

"老伯伯,您买剪刀不?"老人没有答理,起身便走,不料他的靴子掉到桥下去了。

张良连忙给他拣上来,赔礼说:

"怪我惊动您了!"

老人把脚一伸,说:

"穿上!"

张良一心想卖掉剪刀,便耐着性子给他穿上。

老人站起来,把袖子一甩,一声不吭地走开了。张良可火啦！他操起剪刀要找老人评评理。不料老人抽身回来,一抄手,夺下张良的剪刀,说:

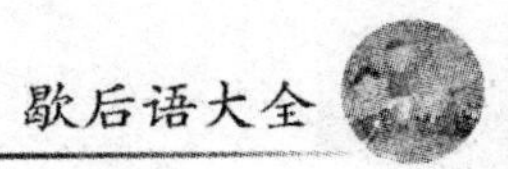

“好小子！柔中有刚，是块好材料呀！”

张良听了，脸刷地红了。他见老人举手有功，便要磕头拜他为师。老人扶起张良，说：

“真要认我为师，五天后早上到这座桥上来。”

到了第五天，鸡刚叫第二遍，张良就来到圯桥上。可是老人早已站在桥头啦，他责备张良说：“你跟老年人相约，就该早点来，怎么叫我等你呢？回去吧，过五天早上再来！”

过了五天，鸡刚叫头遍，张良又来到圯桥。他还没有走上桥，就听到老人的斥责声：“又来晚了！回去，再过五天来见我。”

又过了五天，鸡还没叫头遍，张良就来到桥头等待。等了一会儿，才见老人蹒跚而来。张良赶忙上前磕头问安。老人夸赞说：“青年人要学点本领，就应该这样坚持不懈，不达目的不罢休。”于是，老人送给张良一卷书，说：“这是久已失传的《太公兵法》，只要读透了它，将来便可为天下做一番事业。”

张良得到兵书，恨不得一口气读完，可是白天卖剪刀，没有多少时间读书。

他想出一个办法：将十把成色一样的剪刀，分成三种价钱去卖。一般买东西的人都认为，一分价钱一分货，价钱贵的货就好。买好剪刀的，就出高价钱；手头紧的，就拣贱的买。这样，每天十把剪刀，不出半天就卖完了。贵贱一拉平，张良也没亏银子。

张良日夜苦读兵书，刻苦钻研兵法，终于成了一个有名的军事家，辅佐刘邦建立了西汉王朝。

后来，人们根据这个故事，编成了歇后语“张良卖剪刀——贵贱一样货”。

[人物背景]

张良（？—前186年），字子房，西汉杰出的军事谋略家。他与韩信、萧何同被称为汉初三杰。

[脑筋急转弯]

你知道下面这个歇后语吗？快动脑想想吧！

半天云里射靶子——？

司马炎废魏王——袭用老谱

据《三国演义》描述，司马昭灭了蜀国之后，朝中大臣说他立了大功，奏请魏主曹奂封他为王。曹奂不敢不从，就封司马昭为晋王。

司马昭封王不久，一天正在饮酒，突然中风，第二天就断气了，其子司马炎继承王位后，就召集大臣们商议，准备学曹丕迫使汉献帝让位的办法，废掉曹奂，自立为王。

第二天，司马炎同心腹贾充一起，带剑入朝，直入后宫，吓得曹奂举止失措，慌忙下榻迎接。司马炎冷笑一声说：

"我看陛下，文不能论道，武不能经邦，何不让位给有才德的人？"

曹奂大惊，面色苍白，半天说不出话来。侍郎张节在旁喝斥道：

"晋王的话太没道理！天子有德无罪，为何要把天下让给别人？"

司马炎怒道：

"这天下原是大汉的。曹氏夺来，我家出了好大力气，难道我就不能继承魏的天下吗？"

张节回应道：

"你要这样做，分明是个篡国之贼！"

司马炎大怒，立刻叫武士把他活活打死了。曹奂见势不妙，吓得跪倒在地，流泪哀求。

司马炎理也不理，起身下殿走了。曹奂胆战心惊地问司马炎的心腹贾充：

"事已至此，如何是好？"

贾充说：

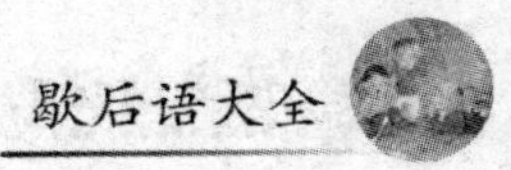

“陛下快让位给晋王，还可保全性命。”

曹奂无可奈何，叫贾充去建筑受禅台，准备让位。

贾充得了旨意，便征工备料，赶紧建造起受禅台。台筑成后，曹奂率领文武大臣，亲自捧着传国玉玺，立于台下，请晋王司马炎登台。曹奂行了禅让之礼，下台称臣。司马炎端坐台上，改国号为大晋，改年号为太始元年。魏国就这样灭亡了。

因为司马炎废魏王与过去曹丕废汉献帝时所用的办法是一样的，所以后来人们根据这个故事，编成了歇后语“司马炎废魏王——袭用老谱”。

[考考你]

司马炎用什么办法废除魏王，自立为王的？

[脑筋急转弯]

你知道下面这个歇后语吗？快动脑想想吧！

客房里吹喇叭——？

包公断案——铁面无私

包公即包拯，北宋时合肥人，曾任开封府知府，以执法严正著名。民间传诵着许多有关他执法如山、铁面无私断案的故事。

传说有一年开封发大水，那里有一条惠民河河道阻塞，水排泄不出去。

包拯一调查：河道阻塞的原因是有些宦官权贵侵占了河道，在河道上修筑花园、亭台。包拯立刻下令，要这些园主把河道上的建筑全部拆掉。

有个权贵不肯拆除。开封府派人去催促，那人还强词夺理，拿出一张地契，硬说那块地是他的产业。

包拯详细一查，发现地契是那个权贵自己伪造的。包拯十分生气，勒令那人拆掉花园，还写了一份奏章向宋仁宗揭发。那人一看事情闹大了，要是仁宗真的追究起来，也没有他的好处，只好乖乖地把花园拆了。一些权贵听到包拯执法严明，都吓得不敢为非作歹。

包拯对亲戚朋友也十分严格。有一次，他的舅舅犯了法，他也派人把舅舅抓到官府，依法用鞭子抽打了一顿。有的亲戚想利用他做靠山，他一点也不照顾。

日子一久，亲戚朋友知道他的脾气，也不敢再为私人的事情去找他了。

后来，他做了大官，家里的生活照样十分朴素，跟普通老百姓一样。

他病故时，留下一份遗嘱说：

“后代子孙做了官，如果犯了贪污罪，不许回老家；死了以后，也不许葬在咱包家的坟地上。”

由于包拯做官一生清廉，所以他生前死后均得到人们的赞颂。

后来，人们根据他一桩桩秉公断案的故事，编成了“包公断案——铁面无私”、“包公升堂——尽管直说”、“包老爷审堂——阴阳分明”、“包老爷的衙门——好进难出”、“老包断案——脸黑心不黑”等许多歇后语。

[人物背景]

包公(999－1062)，字希仁，庐州合肥(今属安徽)人，北宋著名政治家，他是家喻户晓的清官典型。

[趣味大转盘]

读读下面有关包公的歇后语，可有意思啦。相信你读了后对包公会有新的认识哟！

包公爷审堂——是非分明

包公爷办案——明察秋毫

包公的公堂——好进难出

包公铡皇亲——法不容情

包公的作风——铁面无私

包公的衙门——认理不认人

包公放粮——为穷人着想

包公的告示——开诚布公

包公斩包勉——正人先正己

包勉是包公的亲侄子。包公为什么要斩侄子呢？有这么一段传说：

有一次，包公到赤桑镇巡视。这天早晨，他刚刚来到大堂查阅案卷，就听到外面有人喊冤，高呼着要“告姓包的”。值班的张龙、赵虎急忙赶到门外一看，原来是一位白发苍苍的老妇人在喊冤。他们问了个究竟，才知道老妇人是来告包公的侄子包勉的。

包公知道后，忙接过老妇人的状纸，打开观看。状纸上写道：

“赤桑镇肖刘氏状告包勉。包勉为霸占我儿媳，威逼利诱，伎俩使尽。四月十二日清晨，带领打手，闯入我家，杀死我儿子，强奸我儿媳，摔死我孙子，惨不忍睹。光天化日，丧尽天良，行恶作孽，天地难容。祈青天大人为民申冤雪恨。”包公看完，气得浑身发抖，立即派张龙、赵虎去捉拿罪犯包勉。张龙、赵虎十分感动，答应照办。

可是，一连数日没有捉到他。包公十分着急，吃不下，睡不安，满脸愁容。

包夫人劝慰道：

“既然捉拿不到，就以罪犯在逃为由，结案就是了。再说，包勉是你亲侄子，从宽处置，也理所当然。”

包公摇了摇头，说：

“你这话很不对。包勉是我亲侄子不假，但他杀人侮辱妇女，经调查证实，罪行如山，人证物证俱全，怎能因叔侄情而损国法呢？不律己怎能服人呢？”

包夫人叹了口气，又把嫂子抚养包公的恩情说了一遍，恳求包公赦免包勉这一次。包公一拍桌子，与夫人辩论起来。包夫人辩不过包公，气哭了。包公走到夫人身边，替她擦泪，并说下午升堂，让她到堂上听一听。

下午，包公升堂。夫人坐在屏风后仔细听着。老妇人把包勉的罪过陈述一遍后，包公问：

"你可看清那是包勉？"

老妇人说：

"看清了。左邻右舍都可作证。那包勉还胆大包天高声叫着：'我是包拯大人的侄子，你们敢怎样我？'连皇上高官也怕他三分！……"

包公心如刀绞，问屏后的夫人怎么办。夫人长长地叹了口气。包公"唉"了一声，故意说：

"肖刘氏，包勉是我侄儿，看在我的面上，饶了他吧。我赏你三百两银子，让你安度晚年！"

肖刘氏一愣，放声呼唤，把包公大骂一顿。这时，包公又问夫人怎么办。夫人说：

"你就照国法处置吧！包勉就藏在后花园我卧室的套间里！"

包公这才明白为什么老是捉不到包勉。他一拍惊堂木，叫道：

"张龙、赵虎，快去捉拿包勉！"

包勉被捉到堂上，一见包公，扑通跪在地上，苦苦哀求饶命。包公一拍惊堂木，喝斥道：

"早知今日，何必当初！国法在上，重如高山。依法判罪，公私分明！来，推出去——铡！"

随即包勉被押出去铡了。

后来，人们根据这个故事，编成了歇后语"包公斩包勉——正人先正己"。

[考考你]

(1)包公为什么要斩包勉？

(2)包夫人先劝包公不要斩包勉，后来为什么又主动把包勉交给包公处置？

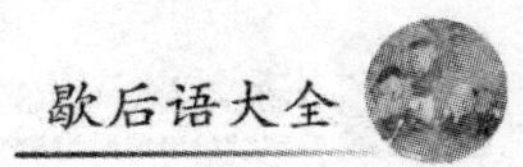

[脑筋急转弯]

你知道下面这个歇后语吗？快动脑想想吧！

高山上吹喇叭——？

半斤对八两——两个差不多

《池北偶谈》上有这样一个小故事：

传说有个宰相的孙子，游手好闲，好吃懒做，把祖业都败光了，连饭也吃不上，常常向人借米度饥。

有一次，他借到一袋米回来，半路上背不动了，只好在路边歇着。

这时候，迎面走来一个人，穿着破烂的衣服。他叫住那人，讲好工钱，帮他背米。可是，没走多少路，那人气喘吁吁，也走不动了。宰相的孙子便埋怨他说：

“我是宰相的孙子，手不能提，肩不能挑，这还情有可原。你是一个穷人，为什么也这样不中用？”

没想到，那人却翻翻眼，说：

“你怎么能怪我？我也是尚书的孙子呢！”

后来，人们根据这个小故事，编成了歇后语“半斤对八两——两个差不多”。旧制一斤合十六两，半斤和八两，二者轻重相等。

[考考你]

从这个故事中你明白了什么道理？

[脑筋急转弯]

你知道下面这个歇后语吗？快动脑想想吧！

额角上放炮仗——？

周瑜谋荆州——赔了夫人又折兵

据《三国演义》描述，刘备死了甘夫人之后，周瑜为了收回荆州，便采用了美人计，结果落了个“东吴招亲——弄假成真”的下场。

孙权气恼极了，于是写信给周瑜，问他怎么办。周瑜复信说，把刘备软困在东吴，让他过安乐生活，使他与诸葛、关、张疏远，然后出兵攻荆少门。

刘备果然天天与孙夫人喝酒作乐，把荆州忘得一干二净。到了年终，赵云按诸葛亮的吩咐，突然来报刘备，说曹操为报赤壁之恨，起兵杀奔荆州，请他快回。

孙夫人知道后，表示愿跟刘备回荆州，并替刘备出了主意，决定不辞而别。

第二天，孙权得知刘备及孙夫人一起逃走，忙派一批批精兵追赶，赶上之后，孙夫人把来将训斥了一顿，继续前行。

他们到了江边，上了船向江北开去。

正在这时，忽然江上喊声大震，回头一看，见周瑜自领水军追来了。

刘备等人上了岸，周瑜带着黄盖等人也追上岸。快要追上刘备时，忽然一声鼓响，山谷里一队队刀斧手拥出来，带头的是大将关羽。关羽横刀纵马，直取周瑜。周瑜惊慌失措，拨马便走。半路上，黄忠和魏延两军又从两边杀出来。东吴兵士哪里抵挡得住，纷纷向船上逃跑。周瑜也急忙上船。

这时，只听得岸上荆州军士齐声高叫：

“周郎妙计安天下，赔了夫人又折兵！”

周瑜又羞又气，昏倒在船上。

人们根据这个故事，编成了“周瑜谋荆州——赔了夫人又折兵”、“周郎妙计安天下——赔了夫人又折兵”、“甘露寺招亲——吃亏只有一回”等歇后语。

[考考你]

为什么说周瑜谋荆州，赔了夫人又折兵？

[脑筋急转弯]

你知道下面这个歇后语吗？快动脑想想吧！

城隍庙里唱戏——？

周瑜打黄盖——一个愿打，一个愿挨

据《三国演义》描述，诸葛亮用草船为周瑜借来十万支箭之后，东吴的孙权便催周瑜赶快进兵曹操水寨。周瑜和诸葛亮不谋而合，都想到要用火来攻曹兵。

为了先把人打进曹营诈降曹操，为火攻提供条件，周瑜与黄盖合谋，决定采用“苦肉计”，诱曹操上当。

黄盖坚决表示：

“为了保全东吴，我就是粉身碎骨，决不怨悔！”

周瑜大喜，马上拜谢黄盖。

第二天，周瑜击鼓召集众将，诸葛亮也到了。周瑜故意对大家说：

“曹操号称有百万大军，看来不是一天可破，你们每人可先领三个月粮草，以便相持下去。”

黄盖一听，马上表示反对这样做。周瑜勃然大怒，喝令将黄盖推出去斩首。黄盖怒火直冲，指着周瑜大骂。周瑜怒不可遏，拍案大叫：

“快把黄盖斩了！”

众将一起跪下替黄盖求情，周瑜才免了黄盖的死罪，下令重打一百棍。军士不敢违令，只好动手。打到五十多下，黄盖已被打得皮开肉绽。

在众将哀求下，周瑜把黄盖骂了一通，才气愤地走进后帐。众将从地上扶起黄盖一看，已经奄奄一息了。

鲁肃和众将无不流下眼泪。鲁肃去找诸葛亮，责备他为什么不劝阻周瑜。诸葛亮道：

“公瑾(即周瑜)毒打黄盖，无非是要黄盖去诈降曹操。上次他收留蔡中、蔡和，就为的是让这两个人去传递消息，好叫曹操相信。他们正在使着‘苦肉计’，一个愿打，一个愿挨，我为什么要劝呢?”鲁肃听了，恍然大悟。

人们根据这个故事，编成了“周瑜打黄盖——一个愿打，一个愿挨”、“周瑜打黄盖——自己人打自己人”、“周瑜打黄盖——苦肉计”等歇后语。

[人物背景]

周瑜(175—210年)，字公瑾，庐江舒县(今安徽舒城)人。三国时期吴国的著名将领、军事家。

[趣味大转盘]

读读下面有关周瑜的歇后语。

周瑜打黄盖——越打越亲

周瑜打黄盖——苦肉计

周瑜的脾气——一急就上阵

周瑜戴胡子——老嘟(都)嘟(督)

周瑜打他爹——无(吴)人不晓(孝)

[脑筋急转弯]

你知道下面这个歇后语吗？快动脑想想吧！

钞票洗脸——？

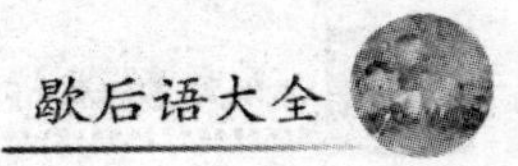

指鹿为马——不看事实

据《史记》记述，秦始皇刚死的时候，宦官赵高为了不让始皇的长子扶苏继任皇帝，而改由始皇第二个儿子胡亥继任帝位，就对始皇的死讯严守秘密。

直到假传始皇的圣旨，使扶苏自杀，立胡亥做了太子，才宣布始皇已经死去。

接着，赵高又扶立刚刚做上太子的胡亥继任皇帝，就是秦二世。胡亥感谢赵高，也就拜他做了丞相。

可是赵高还不满足，他打算篡位，自己做皇帝，但又怕大臣们不服，他想用一种办法试探一下大臣们是不是能够顺从他的意思。

有一天，他当着许多大臣的面送给秦二世一头鹿，故意说是马。秦二世明明看见是一头鹿，而赵高却硬说是马，就笑着对赵高说：

"你弄错了，把鹿说成了马。"

赵高没有理会胡亥的话，反而高声问旁边的人这到底是鹿还是马。

当时有的人虽然不愿意随着赵高把鹿说成马，但也不敢据实说是鹿，只好沉默不语；有人却也故意说是马，以迎合赵高的意思；有的人就直爽地说是鹿。事后不久，说实话的都被赵高用计害死了。

后来，人们根据这个故事，编成了"指鹿为马——不看事实"、"赵高指鹿为马——逼人亮相"等歇后语。

[故事小质疑]

赵高下场如何？

赵高是秦始皇和秦二世宠信的权臣，他位高权重，声势显赫。赵高权倾朝野，把持朝政后野心扩大，甚至企图灭秦，后被杀头示众。

[脑筋急转弯]

你知道下面这个歇后语吗？快动脑想想吧！

凤凰拨了毛——？

青少年课外阅读系列丛书

哪吒闹海——鱼虾遭殃

据《封神演义》描述，哪吒在母亲肚里孕育了三年零六个月才出世，刚生下来时是一团肉球，滴溜溜圆转如轮。

他的父亲李靖，是陈塘关总兵官，父亲用剑一砍，肉球分为两半。哪吒从中跳出来，满地红光，右手套一只金镯，肚皮上围着一块红绫，金光射目。原来哪吒是姜子牙的先行官，灵珠子的化身。那金镯是“乾坤圈”，红绫叫“混天绫”，都是乾元山金光洞的法宝。

哪吒七岁的时候，已身长六尺。这年五月间，天气炎热，他到关外九涉河去洗澡。哪吒脱了衣裳，坐在石上，把七尺混天绫放在水里，蘸水洗身。他哪里知道，这条河是东海出口处，当他把宝物放在水中，河水都映红了。摆一摆，江河晃动；摇一摇，乾坤震撼。哪吒在这里洗澡，把东海水晶宫摇晃得乱响。

这时候，东海龙王敖广见宫殿摇晃震响，以为是地震，连忙传令巡海夜叉到海口探听虚实。夜叉来到九涉河，只见一个小孩用红罗帕蘸水洗澡，便大叫：

“那孩子作什么鬼怪，竟把河水映红、龙宫摇动呢？”

哪吒正在洗得痛快，突然听到喊叫声，回头一看，是一个面如蓝靛、发似珠砂、巨口獠牙的怪物，手中舞着大斧正往自己头顶上劈来。哪吒连忙将身躲过，把右手上套的乾坤圈往空中一举，落下来正好掉在夜叉头上，夜叉顿时脑浆迸流，死在岸上。哪吒笑着说：

“把我的金镯都玷污了。”

他便用河水洗刷圈上的血迹。水晶宫哪能经得起这宝物的震撼呢？水中鱼虾被震得死的死，伤的伤，龙宫也差点儿被晃倒！

东海龙王听到夜叉被打死，又令第三个儿子敖丙调来龙兵，骑着逼水兽，提着画杆戟，出水晶宫，要捉拿哪吒。哪吒手无寸铁，躲过敖丙数戟，随手把七尺混天绫往空中一扔，好似千团火块往下一裹，把敖丙裹下逼水兽。哪吒抢上一步，一脚踏住他的颈项，提起乾坤圈，照他的顶门猛击一下，敖丙被打得现出了龙形。哪吒把龙筋抽了出来，准备做一条龙筋绦给

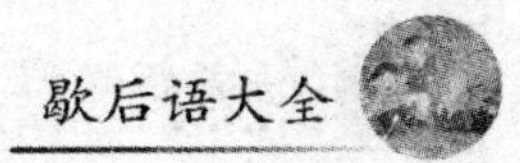

父亲束甲。

后来，四海龙王奏准玉帝，要捉拿哪吒父母。哪吒为了表示自己所作所为与父母无关，毅然剖腹、剜肠、剔骨肉，还于双亲而死。

哪吒死后，他的魂魄借莲花为躯体，得以复活。后来，哪吒帮助姜子牙兴周灭纣，屡立战功。

后来，人们根据这个故事，编成了歇后语“哪吒闹海——鱼虾遭殃”。

[考考你]

哪吒为什么打死巡海夜叉和敖丙？

[请你来画画]

哪吒是深受广大同学喜爱的小英雄，你心目中的哪吒是个什么样子呢？拿起笔，把你心中的小英雄哪吒画出来吧！

盲人骑瞎马——乱闯

《世说新语》上有这样一个故事：

一天，东晋的画家顾恺之和桓玄，在荆州刺史殷仲堪家里聊天。他们轮流作“危语”，也就是在座的每个人都说一个词句，用最危险的事作为比喻。

桓玄先说：

“矛头淅米剑为炊。”意思是说用尖锐的矛头淘米，用锋利的剑头拨火，淘箩和锅底非戳破不可。

接着，殷仲堪吟了一句：

“百岁老翁攀枯枝。”意思是说，有个上百岁的老头爬到极易折断的枯树枝上去，其危险程度可想而知。

顾恺之也说了一句：

“井上辘轳卧婴儿。”意思是说：“不懂事的婴儿躺卧在水井的辘轳上，只要辘轳一绞动，婴儿立刻就会掉进井底，真是危险的事。

这时，殷仲堪有个参军在旁边，听了三人的危语，他也凑上去说了一句：

“盲人骑瞎马，夜半临深池。”

瞎了眼睛的人骑着一匹瞎了眼睛的马，在漆黑的半夜里，撞到了深水池塘的边缘，这该是多么危险的情景！殷仲堪听了这句诗，顿时打了个寒颤，非常惊慌地说：“哎呀！太危险了，太危险了！那肯定会跌进深渊去！”

桓玄和顾恺之两人看了看殷仲堪的脸，忍不住都笑了。原来殷仲堪有一只眼睛瞎了，所以对参军这句危语，他反应特别敏感。

人们根据这个故事，编成了歇后语“盲人骑瞎马——乱闯”。

[**人物背景**]

《世说新语》是一部记载汉朝末年、三国、两晋时代世家大族阶层遗闻轶事的小说。由南北朝时期的刘义庆汇编而成。

[**脑筋急转弯**]

你知道下面这个歇后语吗？快动脑想想吧！

刀砍琉璃瓶——？

狗咬吕洞宾——不识好人心

吕洞宾是传说中的八仙之一。相传他早年有个拜把兄弟苟杳，父母双亡，家境贫寒。吕洞宾把他接来住在自己家里，勉励他刻苦攻读，争取功名。苟杳十分感激，整日刻苦读书。有个朋友看上了苟杳，想把妹妹许配给他。吕洞宾原先怕误了苟杳的前程，想推托掉，后来知道苟杳有心与她成亲，便说：

“既然贤弟主意已定，我也不阻挡了。不过成亲之后，我要先陪新娘住三天。”

荀杳一听，不禁愣了，但思前想后，最后还是咬着牙，勉强地答应了。

娶亲三天，荀杳天天躲到一边，暗地里失声痛哭。好不容易过了三天，荀杳刚进洞房，见新娘伤心落泪，连忙上前赔礼说：

“娘子，太委屈你了！”

新娘只管低头哭着说：

“郎君，何故三夜都不上床同眠，只是对灯读书，天黑而来，天明而去？”

这一问，问得荀杳目瞪口呆。半天，他才醒悟过来，双脚一跺，仰天大笑：

“原来哥哥怕我贪欢忘了读书，就用此法激励我。哥哥用心，可谓太狠啊！”

从此，荀杳更加奋发攻读，果然金榜题名，夫妻辞别吕洞宾一家，赴任做官去了。

几年后，吕洞宾家中失火，财产烧光，日子无法过。他经不住妻子再三督劝，只好前往求助于荀杳。荀杳夫妇得知吕洞宾遭此大难，相见后连忙安慰他说：

“哥哥不必过于焦虑，小弟自有妥善安排。”

可是一晃十几天过去了，荀杳除了天天盛宴招待外，根本不谈如何资助。吕洞宾心想：肯定是荀杳忘恩负义，不肯相助了！一气之下，便怒冲冲地离开荀府。他想回家，身无分文，只好沿途求乞。后来，有个外地人听他讲了荀杳忘恩负义的事，深表同情，给了他几两纹银当路费：他才返回家乡。可是，吕洞宾回到自己家时，见原先被烧废的楼房又重新盖起来了。新房两边的大门上贴着白纸。他慌忙撞进大门，看见屋中停着一口大棺材。妻子全身披孝，正在嚎啕大哭，猛然见到吕洞宾，惊恐万状，胆怯地问：“你是人，还是鬼？”吕洞宾更加诧异不解。

原来吕洞宾到了荀杳府上后，荀杳就叫人来帮他重整家园。前天中午，有人抬口棺材进来，说吕洞宾在荀府突然病死了。吕洞宾听妻子这么一说，知道是荀杳搞的把戏。他气愤地将棺盖揭开，只见里面全是金银财宝，上面还有一封信，写着："苟杳不是负心郎，路送银，家盖房。你让我妻守空房，我让你妻哭断肠！"

吕洞宾看完，如梦初醒，深悔自己不识好人，错怪了苟杳。他苦笑着说：

"贤弟，你帮我也帮得好狠啊！"

从此，苟杳和吕洞宾两家来往不断，倍加亲热。后来就讹传了一句歇后语，叫做"狗咬(苟杳)吕洞宾——不识好人心"。

[考考你]

(1)吕洞宾为什么要在苟杳成亲后先陪新娘住三天？

(2)吕洞宾为什么错怪了苟杳？

[脑筋急转弯]

你知道下面这个歇后语吗？快动脑想想吧！

出门坐飞机——？

赵括徒读父书——纸上谈兵

据《东周列国志》记述，战国时代赵国名将赵奢的儿子赵括，少年好学兵法，善于谈兵，却不善于应用。

公元前 262 年，秦昭襄王派大将王龁进攻韩国上党郡(今山西省长治市一带)，韩将不愿投降秦国，不肯把上党献给赵国，秦军就将上党围困住了。

赵孝成王派廉颇率领二十多万大军去救援，才到长平(今山西省高平县西北)，秦军就已经攻占了上党郡，并向长平进攻。廉颇命令赵军跟远来的秦军对峙，准备长期抵抗。两军足足对峙了三年。

秦军苦于粮草接济不上，采用"反间计"，向赵国散布流言蜚语，说廉

颇年老，不敢跟秦国对打，要是让年轻力强的赵括带兵，秦军早就垮了。赵王听信这些议论，就拜赵括为大将，派他去接替廉颇。

赵括的母亲知道后，奏本赵王说：

“赵括徒读父书，不知通变，不是个将才。他的父亲临终时再三交代，说赵括这个孩子把用兵打仗看做儿戏，说起兵法来，就眼空四海，目中无人，将来大王如果用他为大将，只怕国家会断送在他的手里。所以请求大王千万别派他当大将。”

可是赵王不予采纳。

公元前260年，赵括领兵二十万到了长平，连同廉颇统率的兵马，共有四十万大军，声势十分浩大。他把廉颇规定的一套制度全部废除，下令追击秦军。

这时，秦国看到赵国中计，改派白起为上将军，到长平关布置好埋伏，故意打了几阵败仗。赵括自以为天下无敌，拼命追赶，结果四十万大军被引到预先埋伏好的地区，后路又被切断，内无粮草，外无救兵，困守了四十多天，兵士叫苦连天，无心作战。后来，赵括只好带兵猛闯，企图冲出重围，结果秦军万箭齐发，赵括被活活射死了，赵国全军覆灭了。

人们根据这个故事，编成了歇后语“赵括徒读父书——纸上谈兵”。

[考考你]

(1)赵王要封赵括为大将，赵括的母亲对赵王说了些什么？

(2)赵括为什么会战败身亡？

[脑筋急转弯]

你知道下面这个歇后语吗？快动脑想想吧！

腐烂的西瓜——？

赵巧儿送灯台——一去不回来

传说，赵巧儿是著名工匠鲁班的徒弟。他眼明手快，心灵巧，不管活多复杂，见到就学，一学准会。可是，他有个致命的弱点，就是太骄傲，功夫全在嘴皮子上，手艺不扎实，善于投机取巧，真是一个名副其实的“找巧儿”。为此，他不知道挨过师傅的多少回骂。

一次，鲁班向东海龙王借用龙宫图，答应三天内制一盏神灯台送他，作为酬谢。

三天到期，灯台也制好了，不过鲁班正在赶建一座龙宫式的大殿，不能亲自将神灯台送去，便决定派个徒弟前往。赵巧儿知道了，简直心痒难熬，再三请求师傅让他去。鲁班见他心切，便答应让他当夜子时送去。鲁班了解自己这个徒弟心术不正，放心不下，再三嘱咐他：

“赵巧儿呀，此去龙宫，非同小可！你千万不要耍小聪明，要快去快回，无论如何，必须在神灯台里油干灯灭以前往回赶。”

原来鲁班制作的神灯台，能逢水开道，能驱除水族鬼怪，能抵御外患。不过，这神灯台只有在点着灯的时候才灵验，灯火熄灭，就什么都完了。赵巧儿那颗心呀，早已飞到水晶宫去了！所以师傅讲的话，他这个耳朵进，那个耳朵出，一句话也没记住。他看见师傅制的神灯台不过是个粗糙的玩艺儿，心里暗想：

“人家都说龙王有许多宝贝和漂亮的龙女，我好不容易才去趟龙宫，何不趁这个机会去捞些好处呀！”

他主意打定，立即用上等檀木做了一个十分精美的灯台，贴身藏好，准备去龙宫时送给龙王。

子时刚到，鲁班便亲自为赵巧儿点燃灯台。他打了火石，燃起一根小木柴，就着光亮，放上半灯松子油，盘上两根白色灯芯草，用着火的小木柴一点，两根灯芯草就着了，火光四射，照得四周如同白天一般。赵巧儿心里又欢喜又慌乱，双手高高擎着神灯台，急忙离开了师傅，向东海走去。只见滔滔大海遇到灯台火光，便主动闪出一条大道来。赵巧儿顺着大道走去，脚下如踏平川，一直来到了龙宫。龙王一见这稀有的珍宝，高兴万分，赞扬鲁班师傅真像神人！

这时，赵巧儿从怀里摸出他自己做的灯台，一面高高举起，一面对龙主说：

"龙王，你看，更贵重的神灯台在这里呢！"

说着，拿起鲁班制的灯台，连油带灯芯都倒进自己的灯台里。忽然"噗哧"一声，灯火灭了，顿时天昏地暗，波涛汹涌，龙宫立刻变成了一片汪洋大海。赵巧儿不听师傅的话，使法宝失去了灵验，自己也被大海吞噬了！从此，赵巧儿再也没有回来啦！

人们根据这个故事，编成了歇后语"赵巧儿送灯台——一去不回来"。

[故事小质疑]

鲁班是谁？

鲁班，原名公输般，春秋时期鲁国人，后世人尊称他为"公输子"（"子"是尊称，如孔子、孟子等）。他在建筑业、航天业、军事科学、机械、民用、工艺等方面都有很大的成就。

[脑筋急转弯]

你知道下面这个歇后语吗？快动脑想想吧！

赶鸭上架——？

赵云大战长坂坡——大显神威

据《三国演义》描述，公元208年，曹操兵分八路进攻樊城时，刘备弃城东撤。曹军紧紧追赶，在当阳县景山脚下包围了刘备。

赵云与曹军从四更厮杀到天明，这时他转身一看，刘备及其老小都不在了。赵云很着急，便带着残兵三四十人，拍马奔出长坂坡，又冲进曹军中去寻找。

他在百姓指引下，经过与曹军拼搏，终于找到了刘备的家人。正要带着刘备之子阿斗往回走，曹将晏明手持三尖两刃刀，带着一队人马冲杀过来。

战了几个回合，晏明被赵云一枪刺死马下，夺路而走。突然，前面又有一支曹将张郃率领的军马冲杀过来。

赵云挺枪战张郃，战了十几个回合，才得脱身。赵云拍马狂奔，背后忽有袁绍手下的降将马延、张颐追来，前面又有焦触、张南二将截住去路，把赵云团团围住。赵云急速拔出从敌人手中缴获的宝剑，挥舞如风，曹军不敢逼近，他才渐渐杀出重围。想不到前面又冲出两支敌人军马，齐声大喝，截住去路。赵云用枪使剑，杀死了两个头目，才得脱身，飞奔长坂坡。在张飞的接应下，赵云摆脱了来追赶的敌人，安全地把阿斗护送到刘备面前。

赵云在当阳长坂坡一仗，充分显示了他“一身是胆”的英雄气概。有诗赞他“征马冲开长坂围”，“将军因得显神威”。

人们根据这个故事，编成了歇后语“赵云大战长坂坡——大显神威”。

[快言快语]

下面绕口令最快可用四秒钟读完，你能做到吗？试试看。

四　老　伯

郭老伯、骆老伯，
毕老伯、柏老伯，
郭、骆、毕、柏四老伯，
约着城北买菱角。
买得菱角阁上剥，
菱角壳戳了四老伯的脚。

[脑筋急转弯]

你知道下面这个歇后语吗？快动脑想想吧！

隔年的挂历——？

晏子使楚——不辱使命

据《东周列国志》记述，春秋时代，齐国大夫晏子(名婴，字平仲)个子矮小，面貌也不出众，但他能耐过人，又很爱国。

有一次，晏子奉齐景公之命，出使到楚国。楚灵王自恃强大，骄横异常，听到晏子要来楚国，想当面侮辱齐国，显一显楚国的威风。

他知道晏子是矮个子，就特地在城门旁边另开了个洞口。晏子车马来到楚国郢都东门的时候，城门紧紧闭着，管城门的卫士叫晏子从旁边的小洞进去。

晏子看透了他们有意侮辱自己，冷笑着说：

“这是狗洞，出使到狗国的人，才从狗洞进去。我是出使到楚国来的，不该从这个小洞进去。”

那些管城门的听了，飞速报告给楚王后，只好打开东门，请晏子从大门进城。

晏子见到楚灵王，灵王故意说：

“你们齐国太没有人才啦!”

晏子接着说：

“齐国京城临淄，就有三万户人家。街上的人群，肩臂靠着肩臂，脚尖碰着脚跟，数也数不清。只要大家挥挥袖子，就能把太阳遮住；甩甩汗水，就会像下雨一般。怎么说我们齐国没有人才呢?”

楚灵王说：

“那么，齐国为什么会派你这样的人到我们楚国来呢?”

晏子说：

“我们齐国派遣使臣，历来有个规矩：对方是怎样一个国家，我们就派怎样的人去。让能干的人出使到有贤君的国家，不中用的人出使到君王不中用的国家。我晏婴最为无用，只能派我出使到贵国。”楚灵王听了哑口无言，只好安排酒席招待晏子。

酒席之间，楚国卫士绑着一个犯人来见楚灵王。楚灵王有意当着晏子的面审问。

卫士说：

“这是一个强盗，齐国人。”

楚灵王故意对晏子说：

“齐国的百姓，原来是惯做强盗的！”

晏子站起来，正色道：“大王，我听说过，生长在淮南的橘树，假使移植到淮北去就会变成枳。从外表上看，橘和枳的叶子是一样的，但是，它们的味道却完全不相同。我们齐国的百姓从来不做强盗，一到了楚国，怎么便做起强盗来呢？我看，一定是楚国的水土关系吧！”楚灵王被说得瞠目结舌，无言可对。

经过几番较量，楚灵王觉得晏子是个出色的外交人才，自己原来想戏弄他，结果反而被他戏弄了，不得不以礼相待。晏子终于不辱使命，胜利地回到齐国。

后来，人们根据这个故事，编成了“晏子使楚——不辱使命”、“楚王拿晏子开心——自讨没趣”等歇后语。

[考考你]

将下面句子中画横线的部分换成成语填在（　　）里。

街上的人群，肩臂靠着肩臂，脚尖碰着脚跟，数也数不清。只要大家挥挥袖子，就能把太阳遮住；甩甩汗水，就会像下雨一般。

（　　　　）（　　　　）

[脑筋急转弯]

你知道下面这个歇后语吗？快动脑想想吧！

跟诸葛亮学本事——？

亡羊补牢——为期不晚

《战国策》中有这样一个故事:战国时代,楚国有一个大臣名叫庄辛。有一天,他对楚襄王说:

"您在宫里面的时候,左边是州侯,右边是夏侯;出去的时候,鄢陵君和寿陵君又总是跟着您。您和这四个人专门讲究奢侈淫乐,不管国家大事,这样下去,我们的国都郢(今湖北省江陵县西北)一定有危险啦!"

襄王听了这话,很不高兴,气呼呼地骂了起来:

"你老糊涂了,故意说些险恶的话惑乱人心吗?"

庄辛不慌不忙地回答:

"我实在是感觉到事情一定会到这个地步的,不敢故意说楚国会有什么不幸。如果您一直宠信这四个人,楚国一定会灭亡的。您既然不相信我的话,请您允许我到赵国去躲一躲,看事情究竟会怎么样。"

庄辛到赵国才住了五个月,秦国果然派兵去攻打楚国,并且很快占领了国都郢以及其他许多地方。襄王迫不得已,流落到城阳去。他这时才觉得庄辛从前说的话有道理。于是赶紧派人到赵国把庄辛请回来,对他说:

"我从前没有听你的话,以致把国家弄成这个样子。你看现在该怎么办呢?"

庄辛诚恳地回答:

"我听说过:'看见兔子才想起猎犬,这还不晚;羊跑掉,才补羊圈,也还不迟。'从前汤、武只有一百里的土地,却建立了强大的国家;而桀、纣虽有天下,却亡了国。现在楚国虽然比较小了,但算起来,也还有几千里的土地,何止一百里呢……"

在这个故事中,庄辛说的关于羊跑掉的话,原文是:

"亡羊而补牢,未为迟也。"

后来,人们根据这个故事,编成了歇后语"亡羊补牢——为期不晚"。

[**人物背景**]

《战国策》简称《国策》,是战国时代的史料汇编。它记载了从公元前

452年到公元前216年共约240年间的史实。全书分东周、西周、齐、秦、楚、赵、魏、燕、韩、宋、卫、中山十二国策。全书主要叙述战国时期谋策之士周游各国或互相辩论时提出的政治主张和斗争策略，书中文章并非一人所作，由西汉刘向编校成书。

[考考你]

(1)这个故事说明了一个什么道理？

(2)生活中你有类似的经历吗？说给大家听听？

诸葛亮用兵——神出鬼没

公元231年(建兴九年)春二月，诸葛亮率领蜀军到祁山，想到陇西割麦充做军粮。可是，魏将司马懿早有提防，已在渭水之滨结营防守。

诸葛亮不慌不忙，令军士搬出三辆四轮车，这些车跟他自己乘坐的一模一样。他又令姜维、马岱、魏延三人，都装扮成诸葛亮的模样，各引一千名军士护车、五百名军士擂鼓。每辆车用二十四人，穿黑衣，打赤脚，披散头发，双手执着旗幡，在左右推车。三队人马分别在三个方向埋伏。

他还令三万名军士预备镰刀、绳索，等候命令割麦。诸葛亮自己也挑选二十四个精壮士兵，同前三辆车一样打扮。他令关兴扮成天神，手执旗幡在前引路。安排妥当，诸葛亮坐车，往魏营进发。

这一天，细雨纷纷，天色阴暗。魏军的哨探见到蜀军如此打扮，大吃一惊，不知是人是鬼，慌忙报知司马懿。司马懿惊疑不定，亲自出营观看，只见诸葛亮手摇羽扇，端端正正地坐在车上，左右随从好像妖怪，前面一个又像天神。他想：这又是诸葛亮在装鬼弄神！司马懿立即调派二千人马，追赶捉拿。诸葛亮见魏兵赶来，便回车退进山坳里去。魏兵怕中埋伏，不敢再追。诸葛亮却又推车转出山坳来。魏兵见了再追赶过去。诸葛亮又隐入山坳中去。

这时，司马懿对众将说：

“诸葛亮诡计多端，任他去作怪，不必追赶。”魏军正要回兵，忽然左边树林中战鼓大震，一队人马冲杀过来，远远望去，蜀军又有一个诸葛亮，手摇羽扇，坐在车上。司马懿感到惊疑，连说：

“这里怎么又有诸葛亮？怪了！怪了！”

忽然听见右边又响起鼓声，林中再冲出一队蜀军，中间又有一个诸葛亮，同前一样打扮。

魏兵以为神兵下降，军心大乱，不敢交战，各自奔逃。这时候，迎面又有一队蜀军，当先一辆四轮车，诸葛亮端端正正地坐在车上，左右前后推车的，也同前一般。魏兵见了，没有一个不丧胆的！司马懿十分惊慌，急忙引兵奔入上邦城内，闭门不出。就在这个时候，蜀军三万名精兵，将陇上所有的麦子割个精光，运到卤城打晒去了。

过了三天，马司懿见蜀兵毫无动静，心里疑惑，这才令军士出城探听。魏兵见到城外田野一扫而光，所有麦子连同秸子都没有了。他们在路上捉到一名找失马的蜀兵，经过盘问，这个蜀兵如实地讲了诸葛亮装神弄鬼、乘机割麦的情景。司马懿听罢仰天长叹，佩服地说：

“诸葛亮真有神出鬼没的本领呀！”

人们根据这个故事，编成了歇后语“诸葛亮用兵——神出鬼没”。

[考考你]

诸葛亮想到了什么办法割麦充粮？

[脑筋急转弯]

你知道下面这个歇后语吗？快动脑想想吧！

穿着靴子抓痒——？

诸葛亮吊孝——装模作样

据《三国演义》描述，诸葛亮一气、二气、三气周瑜，把周瑜活活气死。孙权遵照周瑜遗书，命鲁肃为都督，统率兵马。

刘备得知周瑜已死，便问诸葛亮：

“周瑜既然已死，下一步应如何办呢？”

诸葛亮说：

“代替周瑜领兵者，一定是鲁肃。我看天象，将星全集中在东方。我应当以吊丧为名，到江东去一趟，寻找些贤能之士来辅佐您。”

刘备怕东吴将士杀害诸葛亮，就让赵云领着五百名士兵陪伴诸葛亮一起前往。他们到了柴桑，新上任的都督鲁肃以礼迎接。

周瑜部将个个想杀诸葛亮，但见赵云带剑相随，谁也不敢下手。诸葛亮教部下把带去的祭品放在周瑜的灵前，亲自祭酒，一本正经地跪在地上，读了他的祭文。在祭文中，他把周瑜赞美了一番，非常动感情。

读完祭文，他趴在地上大哭一场，泪如泉涌，悲痛之情一发而不可收。鲁肃见诸葛亮如此悲切，也甚为感伤。

吊丧之后，鲁肃设宴款待了诸葛亮。宴后，诸葛亮谢辞回程。他来到江边正要上船，忽然有个人一把抓住了他，大笑道：

“你气死了周郎，现又来吊孝，真是明明欺负东吴没有能人呀！”

诸葛亮一看这个人是孙权手下将领庞统，自己也大笑起来。他俩手拉着手上了船，畅谈了各自的心事。诸葛亮对庞统说，在孙权手下如有不如意之处，可来荆州共扶刘备。

庞统表示同意。不久，庞统就投奔了刘备，当了副军师中郎将，与诸葛亮一起为刘备共谋振兴汉室之计。这是诸葛亮去东吴吊丧的一大收获。

后来，人们根据这段故事，编成了“诸葛亮吊孝——装模作样”、“诸葛亮吊孝——假的”、“孔明哭周瑜——假慈悲”、“气死周瑜去吊孝——虚情假意”等歇后语。

[**请你来画画**]

诸葛亮是人们心目中“智慧的化身”,他究竟会是个什么样子呢?请你将心目中的诸葛亮用彩笔画出来。比一比,看谁画得像。

[**脑筋急转弯**]

你知道下面这个歇后语吗?快动脑想想吧!

穿着衣裳洗澡——?

诸葛亮用空城计——不得已

诸葛亮出兵北伐,破曹真后,正要从祁山进取渭水时,忽然魏主派司马懿领兵二十万向祁山杀来,企图夺取街亭,断绝蜀军粮道。诸葛亮立即派马谡率兵去把守。由于马谡刚愎自用而使街亭失守。

诸葛亮知道后,急得跺脚。他认为失了街亭,军队便进不能攻,退不能守了。于是,他传下密令,教大军暗暗收拾行装,准备退兵。一切安排好,他亲自率兵五千到西城去搬取粮草,准备运回汉中。

到了西城,诸葛亮让部下刚运出一批粮草,忽然探马来报,说司马懿的大军又来攻西城,离城不到十五里了。这时,诸葛亮手下只剩一些文官,听了探报,都十分惊慌。诸葛亮沉思片刻,便领众官走上城头探望,只见远处尘土飞扬,魏兵分两路杀来。

这时,众官议论纷纷,有的竟主张弃城而退。诸葛亮微笑着说:

“不必惊慌,我早埋伏下十万雄兵,在这里等候司马懿。”

众官十分惊疑。诸葛亮传下命令,叫兵将收下城上的旗号,各自隐蔽起来,不许乱走乱动,不许高声说话,违者按军法处罚。他又传令把四个城门全打开,挑选几十名老兵打扮成百姓模样,到城门口打扫街道,叮嘱道:

“魏兵到来,不许慌张……”

随后，他又叫两个小童，捧着古琴、香炉，跟他走上城楼。

诸葛亮端坐在城楼前面，点起一炉好香，平心静气地弹起琴来。魏军的前哨到了城下，看见城门大开着，打扫街道的百姓望也不望他们一眼，不禁勒住了马，疑惑起来。忽听得一阵琴声，抬头一望，弹琴的正是蜀军统帅诸葛亮，魏兵更是惊疑。他们赶紧去报知司马懿。司马懿半信半疑，便亲自去看个究竟。他到城下仔细一听，那琴声丝毫不乱。他生怕中了诸葛亮的计谋，便火速传令退兵。

诸葛亮见魏兵退完了，放下古琴，放声大笑。众官感到奇怪，问道：

“司马懿是魏国名将，带领十五万大军来取小小西城，为什么见了丞相便退走了呢？”

诸葛亮答道：

“他料我一生谨慎，不肯冒险，城内定有埋伏，所以退兵。我并非故意冒险，只因我军分散在外，一时无法调回，要弃城退走，也难突出重围，只好用这条空城之计了。”

众官听了，无不佩服。诸葛亮下了城楼，带着愿意撤退的西城百姓，连夜退回汉中去了。

后来，人们根据这段故事，编成了“诸葛亮用空城计——不得已”、“孔明弹琴退仲达（即司马懿）——好沉着”、“孔明大摆空城计——化险为夷”等歇后语。

［考考你］

（1）司马懿大军来攻西城，诸葛亮是怎么做的？

（2）司马懿为什么火速传令退兵？

［活动展示站］

我国民间流传着许多有关诸葛亮的故事，请你搜集一两个讲给低年级的小同学们听听。怎么样？敢试试吗？

诸葛亮的锦囊——用不完的计

据《三国演义》描述，孙权为了取得荆州，采用周瑜使的“美人计”，想以假招亲把刘备诱去东吴。

当时，刘备迟疑不决，诸葛亮却说：

“主公，你尽管放心去吧！我已定下三条计策，要赵云陪你去才行。”

他把赵云唤到面前，附耳低言交代：

“你保主公到东吴，要带上这三个锦囊，囊中有三条妙计，依次而行。”

这锦囊，是用锦做成的袋子，古人多用以藏机密文件或诗稿。诸葛亮是一个足智多谋的人，他常把可能发生的事变，以及应付的办法，用纸条写好装在锦囊里，交给办事的人，嘱咐在遇到紧急情况时拆看，按照预定的办法去应付。当下，赵云接过诸葛亮递给的三个锦囊，将它贴肉收藏起来，到了东吴，依着锦囊妙计，一一行事。

首先，一到东吴的南徐，赵云就打开第一个锦囊，按计为刘备来东吴招亲大造舆论，劝说乔国老和吴国太在甘露寺看新郎，促成亲事。

刘备在东吴成亲后，沉溺于安乐生活中，忘了荆州，忘了国家大事。赵云打开第二个锦囊，依计而行。他谎报曹操大军进攻荆州，及时使刘备猛醒，商议同孙夫人离开南徐。孙权闻讯，派兵追赶，情势危急！

这时，赵云又拆开第三个锦囊，刘备依计智激孙夫人，孙夫人怒斥东吴追兵，终于安然无恙地回到了荆州。

诸葛亮料到东吴招亲必然产生这样的结果，是他对当时的形势和对刘备、孙权的为人进行长期的观察分析以后所得出的结论。

他据此做出决策，写入锦囊，交给赵云去执行。后来事态的发展果然不出所料，证明他的判断与决策是完全正确的。

人们根据这个故事，编成了歇后语“诸葛亮的锦囊——用不完的计”。

[考考你]

诸葛亮准备了哪三条锦囊妙计？

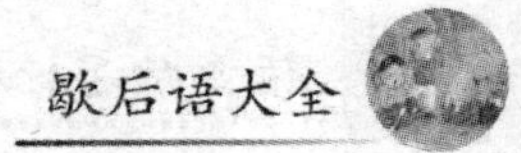

[脑筋急转弯]

你知道下面这个歇后语吗？快动脑想想吧！

饭锅冒烟——？

诸葛亮的鹅毛扇——神妙莫测

诸葛亮手执鹅毛扇，几乎人人皆知。但是，诸葛亮为啥要用鹅毛扇，鹅毛扇又是哪里来的呢？这要从诸葛亮招亲说起。

据传说，诸葛亮经嫂嫂的介绍，向黄承彦先生的女儿阿丑提亲。

阿丑生得黄发黑肤，很是难看，但她熟读经史，博学多才，是远近闻名的才女。

诸葛亮对阿丑的容貌并不计较。阿丑也久闻诸葛亮极有才华，因此都想当面见识见识。

一天，诸葛亮来到黄家，在嫂嫂和黄承彦的陪同下，与阿丑见面了。

寒暄之后，两人就无拘无束地谈起话来。在这期间刘备已经来过两次，请诸葛亮出山。

两人就以此为话题，分析天下形势。阿丑一面听，一面注视诸葛亮的面容。

当谈到刘备兵少将寡，夺天下困难重重时，诸葛亮面露难色；当谈到刘备为人忠厚，深得民心，夺天下大有希望时，诸葛亮面呈笑容。一番谈论之后，彼此了解了对方的才华，亲事就定下来了。

在交换信物时，阿丑特地做了一柄鹅毛扇，送给诸葛亮，并问道：

“你知道其中的含义吗？”

诸葛亮道：

“鹅毛虽轻，情义重啊！”

阿丑道：

“这是其一，还有其二呢。”

诸葛亮道：

“倒要请教。”

阿丑道：

“你即将出山，肩负重任，千头万绪，全系一身，遇事必须从容，态度必须冷静，感情必须克制。古人说‘喜不大笑，怒不暴跳，哀不嚎哭，乐不轻佻’，此为修身养性之本。我与你谈论时，见你高兴则脸色喜，畏难则脸色愁，这对一个指挥者来说，是个大忌。今赠你鹅毛扇，可为遮脸之用。”诸葛亮听阿丑讲完，连连点头称是。

诸葛亮出山之后，就一直把鹅毛扇带在身边。不管春夏秋冬，总是不离手。遇到喜、怒、哀、乐和为难之事，尽量克制，不显露在脸上。一时控制不住，就用鹅毛扇遮面，以免旁人看出。

日子一久，诸葛亮修养成性，不论遇到什么事情，总是镇静自若，指挥从容。有些不知内情的人，都以为诸葛亮这把鹅毛扇内藏有无穷无尽的计谋，说他的鹅毛扇是神妙莫测的。

人们根据这个故事，编成了歇后语“诸葛亮的鹅毛扇——神妙莫测”。

[脑筋急转弯]

你知道下面这个歇后语吗？快动脑想想吧！

厨师摔锅铲——？

诸葛亮气周瑜——自有妙方

据《三国演义》描述，东吴水军都督周瑜，他出身士族，英俊而又儒雅，具有卓越的军事才能和政治手腕，人呼周郎。但是他刚愎褊狭，骄纵好胜，不能容人。

赤壁之战，他抗曹最坚决，但又极力对诸葛亮暗施计谋，这表现出他复杂的心理状态。最后他被诸葛亮三气而死。

哪“三气”呢？

一气是，赤壁大战后，周瑜损兵马、费钱粮打仗，却被诸葛亮图了个现成，得了南郡、襄阳、荆州三地，气得周瑜“大叫一声，金疮迸裂”。

二气是，周瑜使用“美人计”，骗刘备到东吴招亲。诸葛亮将计就计，使刘备和孙夫人成亲后双双回荆州，并打败了周瑜的追兵。诸葛亮叫军士在岸上大叫：

“周郎妙计安天下，赔了夫人又折兵。”

气得周瑜又“大叫一声，金疮迸裂”。

三气是，周瑜用“假途灭虢”之计，虚名替刘备攻打四川，实则谋取荆州。

诸葛亮识破了周瑜的计谋，“准备窝弓以擒猛虎，安排香饵以钓鳖鱼”，四路兵马围攻周瑜，并写了一封信规劝他。周瑜兵败巴丘芦花荡，看完诸葛亮给他的信，仰天长叹说：

“既生瑜，何生亮！”

连叫数声而亡，死时才三十六岁。

人们根据这个故事，编成了歇后语“诸葛亮气周瑜——自有妙方”。

[考考你]

周瑜为什么会被活活气死？

[脑筋急转弯]

你知道下面这个歇后语吗？快动脑想想吧！

打铁不看火色——？

昭君娘娘和番——出塞(色)

汉宣帝时候，塞外匈奴由于贵族争权，势力越来越衰落，根本没有力量再跟汉朝作对了。

那时，匈奴出了五个单于，互相攻打。其中有个单于叫呼韩邪，他杀了一个主要的敌手，打败了别的几个单于，差不多可以把匈奴统一了。

但他的哥哥自立为郅支单于，又跟呼韩邪单于打起仗来了。呼韩邪单于打了几个败仗，死伤了不少人马，不知道怎么办才好。

这时，大臣当中有人劝他跟汉朝和好。呼韩邪听了大臣的话，亲自带着部下到长安来见汉宣帝。

汉宣帝用隆重的仪式接待了呼韩邪，像招待贵宾一样招待他。呼韩邪单于和匈奴的大臣们在长安住了一个月才回去。临走，汉宣帝还送给他很多粮食。

郅支单于怕汉朝帮着呼韩邪单于去打他，他也打发自己的儿子到长安来，表示和汉朝友好。同时，他自己带领部下往西边撤，不断扩大自己的势力。

后来，汉宣帝死后，太子元帝即位。这时，郅支单于派使者到长安来，要求汉朝把他的儿子送回去。

元帝见郅支单于的势力又强大起来，决定跟他交好，派大臣谷吉为使者护送他的儿子回去。想不到郅支单于把谷吉及其随从都杀了。

这时，在西域屯田的汉兵和当地人马四万多人，分两路去攻打郅支单于。经过几仗，汉兵获胜，郅支单于也死了。

这么一来，呼韩邪单于的匈奴王位可以坐稳了。他在公元前33年，再一次亲自到长安来，要求和汉朝结亲。汉元帝也愿意同匈奴和亲，便答应了。他吩咐大臣到后宫去传话：

“谁愿意到匈奴去，皇上就把她当作公主看待。”

后宫的宫女都是从民间选来的，她们好像关在笼子里的鸟儿，永远没有飞的份儿。能够出去嫁人的话，就是嫁给一个平民也够称心的了。

可是要她们离开本国到匈奴去，谁也不乐意，但有个叫王嫱（又叫王昭君)的,她很有见识。

为了两国的和好,她表示愿意到匈奴去。汉元帝立即为她准备嫁妆,选择了吉日,与呼韩邪单于成了亲。呼韩邪见王昭君如此漂亮,汉元帝又给她这么多嫁妆,心中万分高兴,一心要与汉朝和好。

王昭君到了匈奴,住在塞外,见不到父母,心中不免思念。但匈奴人都喜欢她,尊敬她,她慢慢也生活惯了。从此以后,匈奴和汉朝和睦相处,六十多年没有发生过战争。

后来,人们根据这个故事,编成了歇后语“昭君娘娘和番——出塞(色)”。

[考考你]

王昭君为什么要主动远嫁匈奴?

[脑筋急转弯]

你知道下面这个歇后语吗?快动脑想想吧!

管水员开闸——?

姜子牙卖面——折了本钱

据《封神演义》描述,姜子牙上昆仑山修道未成,七十二岁下山入俗,经宋异人介绍,娶了个六十八岁的老闺女马氏。

成家后,宋异人劝他做点生意,子牙欣然同意。但做什么生意呢?他上山修道四十载,尽干些挑水、浇松、种桃、烧火、扇炉、炼丹之类的杂活,别的没学到什么本事。

幸好,他还会编笊篱,就砍宋异人后园的竹子编了一担笊篱,挑到朝歌城里去卖。卖了一天,一个也没卖掉。马氏说他不会卖,姜子牙不服气,二人便争吵起来。

宋异人知道后，劝慰了一番，又说：

“我家仓里麦子生芽，可以磨些面，挑到集市上去卖，兴许比卖笊篱还好些。”

姜子牙听从宋异人的话，把箩担收拾起来，支起磨，磨了一担干面，第二天一早便挑着进城去卖。

他进了城，从东门到西门，从南门到北门，四门都走到了，可是一斤也没卖掉。他肚子饿得咕咕叫，感到担子越来越重。直到下午，他才出南门，准备回家。刚出了城，他感到肩头又酸又痛，于是放下担子，想歇一会儿。

他坐了一会儿，起身正要走，突然有个买面的叫住他。子牙歇下担子，问那人：

“要多少面？”

那人说：

“要一文钱的。”

子牙不好不卖，只得低头撮面。

子牙不是常挑担子的人。他把扁担往地上一放，绳子也撒在地上。他正弯腰撮面时，突然跑过来一匹马，绳子恰好套到那马蹄上了，把两箩面拖了五六丈远，面泼了一地。一阵狂风吹来，把面刮个干干净净。他一路唉声叹气，回到了家里。宋异人见子牙这么晚才回来，问道：

“贤弟，今日生意如何？”

子牙说：

“我真没脸见仁兄，今日折了许多本钱，分文钱没有卖到。”

宋异人听他讲了情况，怕他灰心丧气，又给了他五十两银子，让他去做别的生意。

后来，人们根据这个故事，编成了歇后语“姜子牙卖面——折了本钱”。

[考考你]

从哪里可以看出姜子牙不会做生意？

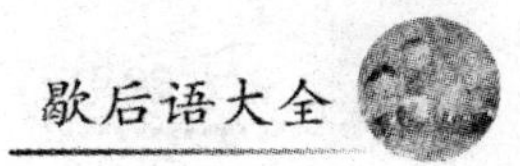

[脑筋急转弯]

你知道下面这个歇后语吗？快动脑想想吧！

广东人说北京话——？

姜子牙算卦——好准

据《封神演义》描述，姜子牙上昆仑山修道四十年未成，下山后在朝歌南门最热闹的地方开了个算命馆。开馆后四五个月没有一个人来算命，真是急死人。

这一天，有个打柴人刘乾来算命，说算准了，照给钱；算不准，要打姜子牙几拳头，还不许他在此开馆。子牙说：

"好吧，你取下一卦帖来。"

刘乾取下一卦贴儿，递给子牙。子牙说：

"此卦你要依我才准。"

刘乾说：

"必定依你。"

子牙说：

"你一直往南去，柳树下有个老头。你卖给他柴，他会给你一百二十文钱，还要招待你四个点心、两碗酒。"刘乾听后，认为这卦一定不准。

子牙说：

"你去，包你准。"

刘乾挑起柴，直往南走，果然见一棵柳树下站着个老头，叫着要买柴禾。

刘乾有些吃惊。那老人问他这担柴多少钱，刘乾故意要一百文钱。老人看看柴，爽快地答应给一百文。刘乾把柴送到老人家中，又拿起扫帚把掉在地上的叶子扫干净，这才把扁担、绳子收拾停当等老人付钱。

老人出来一看他把院子扫得干干净净，十分高兴，就给了他一百二十文，说一百文是柴钱，二十文是小二过生日的喜钱。

随后，又出来一个孩子，捧着四个点心、一壶酒、一个碗。这时，刘乾打心眼里佩服子牙算得准，但他玩了个花样，想故意把一碗酒斟得满满的，另一碗酒则斟得浅浅的，这样就不能说他算得很准了。

然而，当他斟酒时，先斟满了一碗，第二碗又斟得满满的。刘乾感到非常奇怪。刘乾回到算命馆，众人围住了他，问他"卦准不准?"刘乾大呼道：

"姜先生真是神仙啊！太准了!"

刘乾站在门前，见从前面急匆匆来了一个人。刘乾上去，一把扯住他，非叫他算卦不可。那人说要去催钱粮，没空算，可刘乾怎么也不放他走。经子牙一算，说他去催的钱粮人家早准备好了，共一百零三锭。

这个人将信将疑地走了。众人在子牙门前等着，看那催钱粮的结果如何。

过了一个时辰，那人来了，说："姜先生乃是神仙出世！果然是一百零三锭!"

从此，姜子牙的算命术轰动全城，各种各样的人都来找他算命。半年以后，远近闻名，来请他算的人多极了。

后来，人们根据这个故事，编成了"姜子牙算卦——好准"、"姜子牙开算命馆——买卖兴隆"等歇后语。

[考考你]

姜子牙开的算命馆生意前后有什么变化？为什么？

[脑筋急转弯]

你知道下面这个歇后语吗？快动脑想想吧！

龟儿子偷东西——？

姜子牙娶媳妇——老来喜

据《封神演义》描述，姜子牙三十二岁时，上昆仑山到元始天尊门下修仙道，直到七十二岁还未成功。元始天尊教他收拾下山，到人间去生活。

姜子牙下山后，因上无叔伯兄嫂，下无弟妹子侄，只好到朝歌城南三十五里宋家庄去投靠一个名叫宋异人的。

他们相见后，宋异人非常热情，让他住在自己家里，并亲自到马家庄马员外家里替姜子牙说媒。

马员外出于对宋异人的信任，很爽快地答应把六十八岁的黄花闺女许配给姜子牙。

宋异人回家把情况对姜子牙一说，姜子牙非常感激，表示终生不忘仁兄的大恩大德。

随后，他们选择了吉日良时，迎娶马氏。宋异人摆设了酒席，又邀请庄前庄后的邻居们及至亲好友，前来贺喜。

这一天，马氏过门，洞房花烛，结成了夫妻。

后来，人们根据这个故事，编成了歇后语“姜子牙娶媳妇——老来喜”。

[快言快语]

下面绕口令最快可用八秒钟读完，你能做到吗？

小牛赔油

小牛放学去打球，
踢倒老刘一瓶油。
小牛回家取来油，
向老刘道歉又赔油。
老刘不要小牛还油，
小牛硬要把油还给老刘。
老刘夸小牛，
小牛直摇头。
你猜老刘让小牛还油，
还是不让小牛还油。

[脑筋急转弯]

你知道下面这个歇后语吗？快动脑想想吧！

光屁股抬棺材——？

姜太公钓鱼——愿者上钩

据《封神演义》描述，姜子牙火烧琵琶精后，被纣王封官下大夫。他见纣王荒淫无道，便弃官逃往西岐，隐居于陕西渭水河边。

他常常用无饵的直钩在离水面三尺以上的地方钓鱼，并说：

“负命者上钩来！”

有个从这儿过路的打柴人笑他，他却念念有词地说：“短杆长线守蟠溪，这个机关哪个知。只钓当今君与臣，何尝意在水中鱼！”

他就这样度着光阴。须发斑白了，身体衰老了，可是他内心里始终隐约地希望着：终究会有一天遇到开明的君主，实现他的抱负。到了八十岁以后，周文王果然上了钩，请他去做丞相，姜子牙说：

“吾太公望子久矣。”因号“太公望”。

武王继位后，尊他为“师尚父”。在伐纣灭殷的过程中，他出谋划策，立下很大功劳。

后来，人们根据这个故事，编成了歇后语“姜太公钓鱼——愿者上钩”。

[考考你]

姜子牙用无饵的直钩钓鱼，用意是什么？

[脑筋急转弯]

你知道下面这个歇后语吗？快动脑想想吧！

黄牛钻狗洞——？

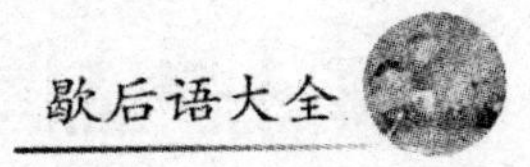

姜太公封神——自己没有份

据《封神演义》描述，姜子牙辅佐周武王讨伐纣王，夺得天下之后，便向武王提出封神的奏章。

子牙说：

"我奉天命，伐纣兴周，现在大事已定，但是多年来阵亡的人、仙，还没有封职。我打算到昆仑山去一趟，见见掌教师尊，请玉符、金册，来封众神……"

周武王说：

"很好。您早去早回吧。"

子牙辞别了武王，回到相府，准备了一下，就离开西岐，到昆仑山去了。

他进了玉虚宫，拜见了老师元始天尊，说明来意后，元始天尊说：

"我已知道了。你先回去吧，用不了几天就会有符敕到封神台去。"

子牙叩头谢恩，回到了西岐。

过了几天，元始天尊便派黄巾力士和白鹤童子送来了玉符、金册，子牙接下来之后，便举行了封神仪式，一一宣读元始天尊的封诰，一下子封了三百六十五位，但是没有姜子牙自己。

人们根据这个故事，编成了歇后语"姜太公封神——自己没有份"。

姜太公做买卖——样样赔本

据《封神演义》描述，姜子牙上昆仑山学道四十年未成，下山后无家可归，便来到朝歌城南三十五里的宋家庄，寄居在结义仁兄宋异人家里。

他成亲之后，一连做了几次生意。先是编笊篱，挑到朝歌城去卖。结果卖了一天，一个也没卖掉。

随后，宋异人又叫儿子支起磨，磨了一担干面，让子牙挑着进朝歌城去卖。

结果，四门都走到了，也没卖掉一斤。难得遇到一个来买面的，正准备给她称面时，想不到一匹马跑来，担子上的绳子缠住了马蹄子，把两筐面全泼在地上，又被一阵狂风将面刮个干干净净。

接着，子牙又在朝歌城南门开算命馆，不知不觉四五个月过去了，一个算命卜卦的也没有来。

后来，人们根据这些故事，编成了歇后语“姜太公做买卖——样样赔本”。

[趣味大转盘]

读读下面有关姜子牙的歇后语。

姜子牙卖灰面——倒担回家

姜子牙火烧琵琶精——现了原形

姜太公钓鱼——愿者上钩

姜太公在此——诸神退位

姜太公封神——没有自己

姜子牙卖面遇大风——倒霉

[脑筋急转弯]

你知道下面这个歇后语吗？快动脑想想吧！

刽子手的父亲——？

卸甲山的松树——一顺歪

在北京密云西北三十里远的地方，有一座山，叫卸甲山。

相传，北宋真宗年间，大辽国兵马大元帅韩延寿，统领倾国之师进兵

中原，妄图夺取大宋江山。三关总兵杨六郎，奉旨领兵前往御敌，和韩延寿在这座山上交兵。

由于地理不熟，杨六郎被韩延寿困在山上。韩延寿断绝了水源粮道，把这山围了个水泄不通。当时正值三伏天，烈日炎炎，山上缺水，全军将士只能吃生粮食。

俗话说：

"渴比饿还难受。"

宋军将士走遍全山，也没找到一滴水。

这一天，杨六郎骑着他的宝马去巡营查哨，来到了山后，他唇干舌燥，眼冒金星。座下那匹白马呼哧呼哧喘着粗气，乱刨前蹄。杨六郎心痛地抚摸着马头，伤心地落下泪来。

这匹马，高八尺，长一丈二，眼以铜铃，头面方圆，前腿似箭，后腿如弓，全身雪白，是有名的宝马良驹。它跟随杨六郎转战沙场，出生入死，立下了许多功劳。

俗话说：

"大牲口通人性。"

这时的宝驹好像完全理解当时的处境和主人的心情，摇摇头，摆摆尾，像是在安慰杨六郎不要着急，不要难过似的。

一见这情景，杨六郎更是心焦如焚，那泪水越发难以止住。他对马叹道：

"因我无谋，连累三军将士，也害了你！"

说到这里，六郎仰头对天大声疾呼：

"难道我杨家兵将就败于此地吗？"

杨六郎话音未落，就见那匹宝马前蹄"哒哒"紧刨，后蹄咚咚乱踏，荡起阵阵尘烟。突然，一股泉水从马的前蹄下喷涌而出。

三军将士一片欢呼。这时天波府救兵又到，杨六郎精神焕发，一场血战，把韩延寿打得大败而逃。

胜利后，在山上摆酒庆功，六郎的盔甲挂在山上的一棵松树上。当时刮起了西北风，由于盔甲太重，把这棵树压得向东南方向弯了。

从此，山上的松柏，哪怕是刚长出来的，也都向东南方歪着。这山从此得名叫卸甲山，人们还把那眼长流不息的泉水叫做“马刨泉”。

后来，人们根据这个故事，编成了歇后语“卸甲山的松树——一顺歪”。

［快言快语］

下面绕口令最快可用三秒钟读完，你能做到吗？试试看。

小华和胖娃

小华和胖娃，
两人种花又种瓜。
小华会种花不会种瓜，
胖娃会种瓜不会种花。
小华教胖娃种花，
胖娃教小华种瓜。

［脑筋急转弯］

你知道下面这个歇后语吗？快动脑想想吧！

火车拉长笛——？

姜太公的坐骑——四不相(像)

据《封神演义》描述，商汤太师闻仲，邀请四海九龙岛四位道人，前往岐山征伐姜子牙。这四位道人各自骑坐一种奇异的野兽：王魔骑狴犴，杨森骑狻猊，高友乾骑的是花斑豹，李兴霸骑的是狰狞。

两军对阵，四兽冲出阵来。姜子牙两边战将都跌翻下马，连姜子牙也被撞下鞍鞒。

因为这些战马经不起那些异兽恶气的冲击，一见到异兽就都骨软筋酥，滚翻在地。

姜子牙无法,只得两上昆仑山,往玉虚宫再找师尊,诉说缘由。

元始天尊令白鹤童子牵来一匹四不相,对姜子牙说:

“这匹四不相,给你骑往西岐,好会三山、五岳、四渎当中奇异的东西。”元始天尊又命南极仙翁拿来一支“打神鞭”,送给姜子牙。

姜子牙跪而接受,叩首辞别。

走出玉虚宫,他上了四不相,把顶上角一拍,这匹四不相闪了一道红光,便腾空而起,直往西岐飞去。到了西岐,姜子牙便乘坐这匹四不相,在文殊、广法、天尊诸神的帮助下,很快消灭了九龙岛四位道人。

后来,人们根据这个故事,编成了歇后语“姜太公的坐骑——四不相(像)”。

[故事小质疑]

中国古代四大神兽是指什么?

中国古代的四大神兽分别是东、西、南、北二十八宿的称呼。东七宿统称是青龙,西七宿是白虎,南方七宿是朱雀,北方七宿是玄武。

[快言快语]

下面绕口令最快可用六秒钟读完,你能做到吗?试试看。

小秋和小牛

小妞妞,叫小秋,
梳着两个小抓鬏。
小胖胖,叫小牛,
穿着一个小兜兜。
小秋帮着小牛系扣扣,
小牛帮着小秋剥豆豆。
小秋、小牛手拉手,
一块儿玩,一块儿走。

宣统登基——只有三年

公元1908年11月中旬，清朝光绪皇帝和慈禧太后在两天内先后死去，光绪没有儿子，皇位由他弟弟醇亲王载沣的儿子溥仪继承，号称宣统。

12月2日，宣统正式登基时才十六岁。他坐在宽大的"龙床"上，望见下面王公大臣们一起一落地跪拜，不知道是怎么一回事，急得大哭大闹。

跪在旁边的载沣连忙哄他说：

"别哭，快完了，快完了！"意思是这个接受百官朝贺的礼仪快要结束了。可是，前面的王公大臣们却是一怔，感到载沣说这话，正是他们列祖列宗传下的清王朝快要完蛋的预兆。

当时，人民群众也给清王朝算了命。陕西盛传一首民谣说：

"不用掐，不用算，宣统不过两年半。今年猪吃羊，明年种地不纳粮。"

大家之所以都这样说，是因为看到了资产阶级革命党的武装起义和群众反抗斗争日益高涨的形势，对推翻清朝统治充满了信心。

据不完全统计，1905年共发生各种群众反抗斗争八十八起，1909年增至一百一十三起，而到1910年骤增至二百九十多起。1911年清王朝出卖铁路修筑权，激起了遍及数省的保路风潮。这年10月10日武昌起义爆发，各省纷纷响应，两个月内就有十多个省先后宣布独立。清王朝迅速解体，登基才三年的宣统皇帝，就这样完蛋了。1912年元旦，孙中山在南京宣誓就任临时大总统，成立了南京临时政府，宣告了封建帝制的终结和清王朝的灭亡。

后来，人们根据这段史实，编成了歇后语"宣统登基——只有三年"。

[快言快语]

下面绕口令最快可用八秒钟读完，你能做到吗？试试看。

一 捆 葱

东边来个小朋友叫小松，
手里拿着一捆葱。
西边来个小朋友叫小丛，

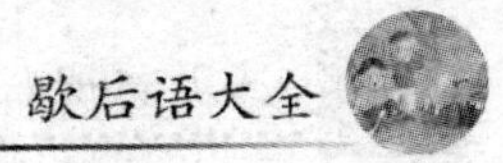

手里拿着小闹钟。
小松手里的葱捆得松，
掉在地上一些葱。
小丛放下闹钟去拾葱，
帮助小松捆紧葱。
小松夸小丛像雷锋，
小丛说小松爱劳动。

[**脑筋急转弯**]

你知道下面这个歇后语吗？快动脑想想吧！

狗头上长角——？

和尚戴着道士帽——闷瞪僧

据传说，清朝雍正年间，少林寺有个和尚，名叫隆兴。他爱读书，爱写文章，就是不爱说话。

你同他说十句话，他顶多接你一两句，并且还是“之乎者也”的话，文绉绉的。

大家知道他是这种脾气，没要紧的事，谁也不跟他拉闲话。

那时候，中岳庙有个道士，和隆兴年龄差不多，也爱读书写文章，两个人很要好，经常在一起谈经论文、书写绘画。

有一次，隆兴从中岳庙回来，一进山门，师兄师弟看见他，都哈哈大笑，有人笑得捧着肚子。

隆兴莫名其妙，说：

“隆兴进寺，有何笑乎？”

方丈和尚看见他，也忍不住笑了，走上前去，照隆兴的后脑勺上扇了一巴掌，说：

“和尚戴着道士帽——闷瞪僧。”

隆兴摘下帽子一看，原来自己戴的是一顶九梁道冠。他瞪着眼，张着嘴，傻乎乎地停了一会儿，说：

“错矣！”从此，“和尚戴着道士帽——闷瞪僧”这句歇后语便流传下来。

[趣味大转盘]

读读下面以“和尚”开头的歇后语，你会乐在其中的。

和尚戴礼帽——与众不同

和尚的袈裟——东拼西凑

和尚的念珠——一连串

和尚的住处——妙（庙）

和尚分家——多事（寺）

和尚买梳子——没用

和尚念经——老一套

和尚娶老婆——岂有此理

和尚枕着门槛睡——突（秃）出

[脑筋急转弯]

你知道下面这个歇后语吗？快动脑想想吧！

出家当和尚——？

黄忠出阵——不服老

黄忠归降刘备之前，已年近六十，但仍不服老。当太守韩玄听说关云长率兵攻打长沙即将来到时，忙与老将黄忠商议。黄忠气吞山河地说：“凭我这口刀，这张弓，一千个来，一千个死！主公不必忧虑。”并表示

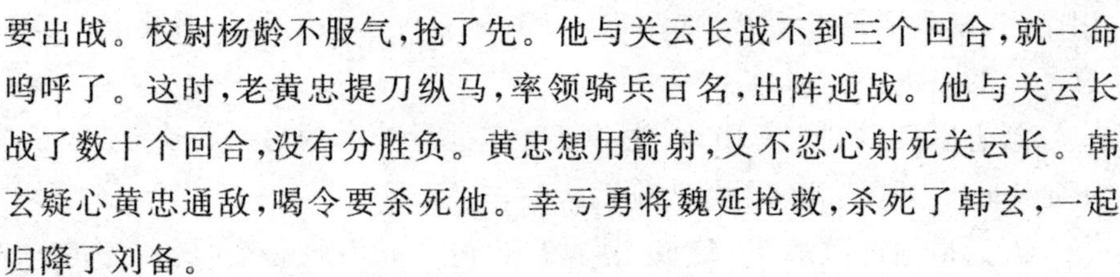

要出战。校尉杨龄不服气，抢了先。他与关云长战不到三个回合，就一命呜呼了。这时，老黄忠提刀纵马，率领骑兵百名，出阵迎战。他与关云长战了数十个回合，没有分胜负。黄忠想用箭射，又不忍心射死关云长。韩玄疑心黄忠通敌，喝令要杀死他。幸亏勇将魏延抢救，杀死了韩玄，一起归降了刘备。

刘备出兵攻取汉中时，黄忠已年近七十。这时，他仍不服老，一有机会就争着出阵。比如，曹操手下的勇将张郃率兵夺取蜀地葭萌关时，旗开得胜，把守将孟达、霍峻杀个大败。消息传到刘备那里，他立即召集军师、将领商议。诸葛亮认为葭萌关地位重要，只有调张飞去，才能击退张郃。

诸葛亮的话音刚落，老将黄忠突然站出来，大声说："别人怕张郃，我不怕，看我立刻去斩了他！"诸葛亮微笑着说："将军虽勇，但年岁已大，恐怕不是张郃的对手。"黄忠一听，气得白胡子都翘起来，吼道：

"我有千斤之力，两臂开得三石之弓，怎说不是张郃对手？"

诸葛亮又故意用话激他：

"将军快七十了，如何不算老呢？"黄忠更气，一句话不说，就从架上取下大刀，挥舞起来。接着又从墙上取下硬弓，使劲地拉，一连拽断了两张。刘备和众人都看呆了，诸葛亮这才允许黄忠出阵。

黄忠到了葭萌关，第二天就迎战张郃。张郃笑他偌大年纪，还要来阵上送死。黄忠大怒，高叫：

"你欺我年老，我的宝刀可不老！"拍马向前，挥刀杀向张郃。战了二十多个回合，在另一老将严颜配合下，把张郃打得抱头鼠窜。随后，别处魏兵又来助战，黄忠使用骄兵之计，故意节节败退。当魏兵大意时，黄忠夜里率兵猛冲，只一战，便将失地收回。接着，又乘胜追击，把魏兵直赶到汉水旁边。这时，张郃等败将率兵奔向汉中粮库天荡山。黄忠兵马随后赶到，一举攻占下来，获得大批粮草。

刘备、诸葛亮得到捷报后，来到葭萌关。刘备召见黄忠，大加慰劳，又问黄忠能不能再取定军山。黄忠慨然答应，要立即领兵出发。诸葛亮急忙劝阻，说他年纪太大，不宜过分劳累。黄忠又气又恼，当时就和诸葛亮争论起来，他不服气地说："战国名将廉颇，八十岁还能征战，使诸侯不敢侵犯赵国。我不满七十，怎么就显得不中用了呢？"他越说越激昂，声言不用副将，只带本部三千兵，如不取胜，愿割下自己的脑袋。诸葛亮终于同意了他的要求。

黄忠率兵来到定军山口，先夺了防守力量薄弱的另一山头，不久又攻下定军山。刘备大喜，封他为征西大将军。

人们根据这些故事，编成了“黄忠出阵——不服老”、“属黄忠的——不服老”等歇后语。

[考考你]

从哪里可以看出黄忠不服老？

[脑筋急转弯]

你知道下面这个歇后语吗？快动脑想想吧！

粪船出海——？

马谡用兵——言过其实

据《三国演义》描述，三国时蜀国的大将马谡，才能和见识都超过一般的人。他平时很喜欢谈论行军作战的方略，诸葛亮非常看重他。可是刘备临死时，嘱咐诸葛亮说：

“马谡言过其实，不能大用，你要注意呀！”

诸葛亮不大同意刘备这种看法，仍让马谡做参军，每次召见，总是从白天一直谈到深夜才罢休。

后来，诸葛亮准备向北出兵攻打祁山，想一举消灭曹魏，有见识的人都说应该选派宿将魏延或吴壹等去当先锋，而诸葛亮却拒绝听取这些人的建议，命马谡率领大军去打头阵，和魏将张郃战于街亭。

这时，马谡自以为是，没有按照诸葛亮的部署行事，以致举动失宜，被张郃打得大败，士卒溃散。因此，破坏了诸葛亮的整个进军计划，迫使诸葛亮退兵汉中。

诸葛亮为了明正军纪，不得不斩了马谡；同时想起自己违背了刘备的遗嘱，心里很过意不去，于是上奏章给后主刘禅，请求降职三级，以示处分。刘禅把诸葛亮降为右将军，仍行丞相事，权力和责任还和从前一样大。

后来，人们根据这个故事，编成了“马谡用兵——言过其实”、“孔明挥泪斩马谡——明正军纪”和“诸葛亮斩马谡——违心办事”等歇后语。

[考考你]

读读下面以“马”字开头的歇后语。

马上耍杂技——艺高胆大

马勺里的苍蝇——混饭吃

马戏团的猴子——随人耍

马吃白灰——一张白嘴

马蜂窝做蒲墩——一屁股窟窿

马路上的电线杆——靠边站

马后炮——弄得迟了

马脸比母猪头——一个比一个难看

郭橐驼种树——因地制宜

《柳河东集》里有这样一个故事：

从前，有个姓郭的人，得过佝偻病，走起路来弓腰驼背，好像骆驼，所以人家给他起了个外号叫郭橐驼。

郭橐驼住在长安西边的丰乐乡，擅长种植树木。那时，一些想靠果树结果子卖钱的，或是为了培植林木欣赏游玩的，都争着请郭橐驼到家里来培植树木。凡是郭橐驼种的或者移栽的树，没有不成活的；而且这些树长得高大茂盛，结的果实既早又多。有人虽然偷偷地观察模仿，可就是没有人能够赶得上他。

有人问郭橐驼种树的秘诀，他回答道：

“道理只有一条，就是因地制宜。”

然后，他详细地作了介绍：

“种植树木，要顺着树木的生长规律让它尽情地生长。栽种的方法：树根要伸开，根部培土要平整，树坑里要填进旧土，捣土要密实，过后，就不要再去乱动它。栽种树苗，要像照顾子女那样，栽种好了，就不必乱动它。这样，树木的天性才能保全，树木的生机才能得到。树木要开花、结果，千万不要遏制、损伤它，否则就不能早日结果，结了也不多。有的人种树不是因地制宜，顺理成章。他们使树根弯曲并且换掉了旧土，培土又过多，表面上看，爱树爱得太深了，担心得太多了，早上去看，晚上去摸；更有甚者，剥开树皮，摇动树干，使树木的生机一天一天减少。这样做，虽然说是关心、爱护树木，其实是损害、仇恨它！”

提问的人又说：

“把你种树的办法，移到做官治理政事上去，能行吗？”

郭橐驼回答：

“我只知道种树，治理政事不是我的职业。不过，我住在乡下，看见当官的喜欢发布命令，从早到晚喊叫；官府命令——催促你们耕田，鼓励你们种植，督促你们收获；早早缫你们的丝，早早纺你们的线；养育好你们的孩子，喂好你们的鸡、鸭和小猪娃。这样，好像爱护百姓，其实搞得大家困苦疲劳。我们这些百姓放下饭碗去慰劳官吏尚且没有空闲时间，怎么能够增加生产和安定生活呢！我想，这些治民的官吏，同我那些种树的同行，大概也有类似的地方吧？”

问话的人听了郭橐驼的这番议论，得到了启发，赞叹地说：

“讲得太好啦！我问的是怎样种植树木，却得到了治理人民的办法。”

后来，人们根据这个故事，编成了歇后语“郭橐驼种树——因地制宜”。

[**快言快语**]

下面绕口令最快可用五秒钟读完，你能做到吗？试试看。

花鸭与彩霞

水中映着彩霞，水面游着花鸭。
霞是五彩霞，鸭是麻花鸭。
麻花鸭游进五彩霞，
五彩霞网住麻花鸭。
乐坏了鸭，拍碎了霞，
分不清是鸭还是霞。

诸葛亮征孟获——收收放放

据《三国演义》描述，刘备死后，其子刘禅即位。诸葛亮遵照刘备遗嘱，全力辅佐刘禅。

这时候，蜀国南面有一个部落，酋长叫孟获，经常起兵侵犯边境，掳掠人畜，百姓不得安宁。当边境四郡失掉三郡时，诸葛亮便亲领大军五十万，带着大将赵云、魏延前往征讨。

不久，收复了边境三郡，随即又翻山越岭，向南方追击。一路杀去，所向无敌。孟获接到败报，怒气冲天，亲自领兵进发。他在追杀蜀兵的路上，中了埋伏，被擒。

诸葛亮见了他说："你自以为能，常常侵犯边境，如今被我捉了，服也不服？"孟获大声道：

"我只是中了埋伏，又不曾好好打仗，怎么肯服？"诸葛亮便放了他。

孟获回去后，还想卷土重来，但被诸葛亮释放回来的酋长、兵士都不愿再战。有一天，酋长、士兵们趁他喝得酩酊大醉之时，便把他绑起来送给了诸葛亮。孟获仍不服气，认为这是手下之人的自相残害，不算诸葛亮的本事。诸葛亮让他看了蜀国的军营，又放了他。

孟获回去后，便与弟弟孟优商量计策，准备用火攻蜀兵，结果孟获自投罗网，又被诸葛亮用计擒住。可是，孟获把被擒原因推到孟优身上，还是不服。诸葛亮又放了他。

孟获回去后，立即向周围各部酋长借了十几万人马，再次交战。结果，被大将魏延捉住。可他还是不服，说是中了诸葛亮的诡计才被捉住的。诸葛亮又放了他。孟获回去见了孟优，又商议了对策。他们来到秃龙洞，投奔了朵思大王。朵思大王妄图把蜀兵诱入深山密林里，一网打尽。可是另一个洞主十分厌战，用带兵前来助战为名，绑住孟获、孟优送给了诸葛亮。孟获认为这次又是自相残害，不是诸葛亮的本事，所以仍然不服。诸葛亮又放走了他。

孟获回去后，召集族人，筑起一座三江城，请朵思大王带兵防守。结果，诸葛亮采用土包堆积法，突然攻进城中，经过厮杀，孟获抵挡不住，只得向南奔逃。第二天，孟获的一个兵士来报诸葛亮，说孟获的妻弟擒住了孟获，前来投降。诸葛亮猜中这是孟获搞的诈降计，便埋下伏兵，趁孟获带兵来诈降时，又捉住了他。

诸葛亮问孟获：

“你说南人斗勇不斗智，如今你用诡计，被我破了，六次就擒，服也不服？”

孟获摇摇头说：

“这次是我自己送来的，你可以杀我，但我心里仍不服。”诸葛亮又把他放了。孟获回去后，又向乌戈国兀突骨大王求援，想利用他的三万不怕刀枪的藤甲兵打退蜀兵。几次交战后，蜀兵都无可奈何。

后来，诸葛亮故意让自己的兵被困在山谷里，让千余名兵丁逃跑去见孟获，说他们都是被俘的南方人，现在诸葛亮即将完蛋，所以才逃出蜀营，来帮助孟获大王。

孟获一听，大喜，立即带兵奔向被包围的蜀兵。这下又中了诸葛亮的计，原来这千余名兵丁大半是蜀兵假扮的，蜀兵在路上又把孟获捉住了。

当孟获在蜀营中受到一番款待之后，诸葛亮派来一位官员，对孟获说：

“丞相觉得害羞，没脸看见你，要我来放你回去。你可以重整兵马，再来决战。”说罢，就打开了帐门。

孟获叹道：

“七擒七纵，是从来没有的事。我也应懂得道理，识得好坏，怎敢一味地不顾羞耻呢？”

他见了诸葛亮，流着泪感激地说：

“丞相天威，孟获永不再反了。”

此后，孟获再也没有侵犯过蜀汉的边境。

后来，人们根据这个故事，编成了“诸葛亮征孟获——收收放放”、“孔明七擒孟获——要他心服”等歇后语。

[请你说两句]

诸葛亮对孟获七擒七纵，有人说，这样做是为了让孟获心服口服，表现了诸葛亮的聪明才智；有人说，这样做太费事，还不如第一次就把孟获杀了。你是怎么看这个问题的？你有什么新的看法吗？请你说说吧！

[脑筋急转弯]

你知道下面这个歇后语吗？快动脑想想吧！

大街上的挂钟——？

秦琼的杀手锏——家传

据《说唐》描述，秦琼的父亲秦彝，是隋末齐国武部大将军，镇守济南，被周国行军都总管杨林杀害。秦彝留下祖传的一件兵器，叫做金紫锏。这是两条一百三十斤镀金熟铜锏。秦家锏法，共有五十六路，天下无双，尤其“杀手锏”，是个绝招，无人能敌。

秦琼继承父业，练就家传的绝招“杀手锏”。后来，秦琼因不愿当杀父仇人杨林的义子，便从潼关出走，快行到金堤关时，遇见程咬金正被金堤守将华公义打伤败退。秦琼与华公义接战三十余个回合,不分胜负。他见华公义戟法高强,不能取胜,只得虚闪一枪,回马便走。华公义在后面紧追不舍。秦琼左手横拿着枪,右手扯出锏来,握在胸前。华公义的马头撞着秦琼的马尾时,只见他举戟往秦琼后心猛刺过去。秦琼左手把枪反在背后,往上一架,扭回身右手一锏打去,霎时把华公义的脑袋瓜打得不见了。这叫做:巧使杀手锏,走马取金堤。

人们根据这个故事,编成了歇后语"秦琼的杀手锏——家传"。

[脑筋急转弯]

你知道下面这个歇后语吗?快动脑想想吧!

吉字倒写给你看——?

东郭先生救狼——善恶不辨

小说《中山狼传》描述了这样一个故事:

有只狼被猎人射中,负伤而逃,猎人在后面紧紧追赶。

这时,有个墨家信徒东郭先生,骑着毛驴,驴背上驮着马袋子,要到中山国谋职。这只负伤的狼蹿到东郭先生面前,苦苦哀求说:

"先生,快救救我吧!猎人要抓我,让我在你的书袋子里躲一躲。我将永远不忘你的大恩大德。"

东郭先生见它那副可怜相,心便软了。他把这只狼藏进书袋子里,躲过了猎人的追赶。

猎人走过后,狼从书袋子里出来了。它伸伸腰,舔舔嘴,马上露出凶相,张开大口,对东郭先生说:

"你既然救我,就该救到底。我现在饿得要死,让我吃了你吧!"

说着,就向他扑去。东郭先生大吃一惊,绕着毛驴躲避。

这时,有个老农夫路过这里。东郭先生赶快请他评评理。中山狼也抢着说：

“他刚才把我捆着，塞进书袋里，上面还压了好多书。这分明想闷死我，哪里是救我？”

老农夫听了后，想了想说：

“你们讲的，我不相信。这书袋子怎能装得下狼呢？我得看一看狼是怎样装进去的。”

于是，中山狼又躺在地上，蜷作一团，东郭先生像刚才那样把它装进书袋里。

老农夫立即把袋子扎紧，对东郭先生说：

“这种吃人的野兽，决不会改变本性的。对狼讲仁慈，那是太危险了！”

说罢，举起锄头，把狼打死了。

后来，人们根据这故事，编成了“东郭先生救狼——善恶不辨”、“中山狼出了书袋子——凶相毕露”、“狼吃东郭先生——恩将仇报”等歇后语。

[快言快语]

下面绕口令最快可用五秒钟读完，你能做到吗？

小　猪

小猪扛锄头，吭哧吭哧走。
小鸟唱枝头，小猪扭头瞅。
锄头撞石头，石头砸猪头。
小猪怨锄头，锄头怨猪头。

[脑筋急转弯]

你知道下面这个歇后语吗？快动脑想想吧！

疯牛钻进死胡同——？

愚公之居——开门见山

《列子》上有这样一个故事:太行和王屋两座山,从地面到山顶,有一万丈多高,绕山走一圈就有七百里。这两座山本来在冀州的南面、河阳(今河南省孟县西)的北面。山的北面脚下,住着一位愚公,年龄将近九十岁了。他讨厌这两座大山挡住他家的出路,每次出去回来,总要兜一个大圈子,走很多弯路。于是有一天,他把全家大小召集在一起,商议搬山的事。

大家听了他的主意,都表示赞成。

接着,愚公就率领着他的子孙开始了挖山的工程。愚公的邻居是个寡妇,她有一个七八岁的儿子,看见他们干得很起劲,也高高兴兴地跑来帮忙。大家把泥土、石块送到渤海去,每过一年,才能来回一次。

这时,有一个叫智叟的老头子,劝阻愚公说:

"你简直太傻了。像你这样年老力衰的人,连山上的一草一木也拔不掉,怎么能挖掉这样两座大山呢?"

愚公没有因为这个老头子的嘲笑和劝阻而改变自己的主意,他有力地回答说:

"我看你真太糊涂了,还不如一个寡妇家的小孩子哩!我死了以后,有我的儿子,儿子死了,又有孙子,子子孙孙是没有穷尽的,一直挖下去,力量是无穷无尽的。可是这两座山呢,再也不会增高,挖一点就会少一点,怎么挖不平呢?"

智叟听了这话,哑口无言。

山神听见愚公的话,怕他没完没了地干下去,连忙把这事报告给玉帝。玉帝为愚公的决心和毅力所感动,马上派了夸娥氏的两个儿子把山背走了。

从此以后,冀州南面和汉水北面,就变成了一望无际的平原,再没有什么阻挡了。

由于原来愚公的家门口有两座大山,后人据此编成了歇后语"愚公之居——开门见山"。

［人物背景］

《列子》是东晋人搜集相关的古代资料编写而成的，里面保存了不少先秦时期的寓言故事和神话传说。

［脑筋急转弯］

你知道下面这个歇后语吗？快动脑想想吧！

补锅匠锔锅——？

［请你说两句］

读完故事，有的同学认为愚公的精神可嘉，值得学习。可有的同学认为，愚公不值得学习，大山挡住去路，搬家不就行了，没有必要子子孙孙都去挖山。你是怎么看这个问题的？谈谈你的看法吧！

东吴招亲——弄假成真

据《三国演义》描述，赤壁大战之后，东吴都督周瑜一心想从刘备手中收回荆州，但刘备不想给。

不久，刘备的甘夫人死了。周瑜一听，高兴之极。他想请孙权派人到荆州去说媒，把刘备骗到东吴，囚禁起来，迫使他交出荆州。孙权赞成了周瑜的计谋，随即派人前往荆州。

诸葛亮识破了周瑜的计策，便来了个将计就计。他让刘备壮起胆子去东吴成亲，并命赵云带五百多人跟随着保护他。他们浩浩荡荡渡过江，到了东吴的南徐。

赵云依照诸葛亮的计策，命五百军士在街上披红挂绿，采购猪羊果品，并把刘备和吴侯妹妹结亲的事到处传扬，让城中百姓家喻户晓。赵云又备了一份厚礼，护送着刘备先去拜见周瑜的丈人乔国老。

乔国老弄明白刘备的来意，十分高兴。随后，乔国老忙到吴国太那里

去道喜。吴国太莫名其妙，见了孙权，气得浑身发抖，责骂他这么大的事不该瞒着她。孙权无可奈何，说出了真情。吴国太气得大骂周瑜。

当他们知道此事已是众人皆知时，只好将错就错，准备招刘备为婿。吴国太约刘备次日在甘露寺相见，如果看中了就把女儿嫁给他。

第二天，吴国太一见刘备，心里很满意，笑着对乔国老说：

“他真是我的好女婿啊！”

随即吩咐摆上酒席，热情地款待刘备。

孙权想害刘备，吴国太知道后大怒，并命刘备搬进府中来住，择日结亲。过了几天，孙夫人和刘备真的结成了恩爱夫妻。

后来，人们根据这段故事，编成了“东吴招亲——弄假成真”、“刘备招亲——弄假成真”、“甘露寺招亲——弄假成真”等歇后语。

楚庄王理政——一鸣惊人

据《东周列国志》记述，春秋时代，楚庄王虽然做了三年国君，但经常出去打猎，不管国家大事。就是住在宫里，也是和妃子喝酒玩乐，并且不许大臣规劝。臣子们看见他这样荒唐，非常忧虑。

有一天，大夫申无畏去见他，他右手抱着郑姬，左手搂着蔡女，得意洋洋地坐在钟鼓乐器的中间，问：

“你到这里来是想喝酒，还是想听音乐，或者是想说什么话？”

申无畏答：

“有一只大鸟，身上披着五种颜色，歇在楚国的大山上已经三年了。它不飞，也不叫，这是什么鸟呢？”

庄王心里明白这是暗暗指着他说的，便笑着说：

“我知道了，这不是平常的鸟。三年不飞，一飞必定冲天；三年不鸣，一鸣必定惊人。你等着瞧吧！”

可是这以后，庄王还是照旧玩乐。大夫苏从哭着去拜见他，庄王知道他又是来规劝的，就抢先说：

“我已经下过命令，有敢来规劝我的，就办死罪。你明知道规劝一定要死，却又来违犯命令，这不是太愚笨了吗？”

苏从随即忍住哭泣，抹干眼泪，说他自己的愚笨只是惹得庄王杀他，但可以落个忠臣的美名。而庄王的愚笨，却是以大国之君的身份，沉迷在酒色当中，不管理国家的大事，不亲近善良的臣子，只顾贪图一时的快乐，因而丢掉万世的基业，恐怕将来想做一个普通的百姓都办不到了。

庄王听了这话十分震惊。从那天起，他坚决疏远郑姬和蔡女，立樊姬做夫人，并积极改革政治，训练军队。这样，只用了六年时间，就把楚国治理成为当时最强盛的国家了，而楚庄王本人也成了春秋时期有名的五霸之一。

后来，人们根据这个故事，编成了歇后语“楚庄王理政——一鸣惊人”。

[**人物背景**]

楚庄王（？—前591），名熊侣，春秋时期楚国国君（前613—前591），春秋五霸之一，著名的政治家、军事家。

[**故事小质疑**]

春秋五霸是指哪五个人？

春秋五霸指的是春秋时期的五大诸侯。他们是：齐桓公、晋文公、宋襄公、秦穆公和楚庄王。

[**脑筋急转弯**]

你知道下面这个歇后语吗？快动脑想想吧！

发射卫星上天——？

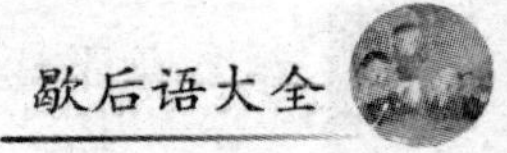

秦桧杀岳飞——罪名莫须有

我国历史上有这样一个故事：

南宋抗金名将岳飞，在抵抗金兀术南侵的过程中，于开封西南的朱仙镇打了一个大胜仗，迫使金兀术龟缩在东京城里，准备率军北撤。

正在这时，南宋朝廷中以求和苟安为国策的高宗、秦桧却派人来到朱仙镇，命令岳飞率军撤退。

岳飞认为此时是乘胜前进，一举收复中原的好机会，便上奏朝廷，不愿撤退。高宗、秦桧早已料定岳飞会这样做，便把张俊、杨沂中等人的军队从宿州、亳州和泗州调走，使岳家军陷于孤立，然后以"孤军不可久留"为理由，勒令岳飞退兵。

岳飞无可奈何，只好退守鄂州。已收复的中原大片土地又被金兵掳去了。

后来，金兀术统率金兵再度侵犯淮北，南宋诸将奋力抵抗，大败金兵。当时，岳飞正在生病，仍带病出击，金兵望风而逃。然而，死抱着求和主张不放的高宗、秦桧，一次又一次地向金屈膝投降。岳飞十分气愤，坚决反对议和，再一次向高宗提出进兵北伐、驱逐金虏、还我河山的政治主张。

这样，他与高宗、秦桧之间的矛盾更尖锐了。高宗暗想：

"岳飞功高权大，会看不起朝廷。掌握兵权的武将轻视朝廷，这是最危险的！"就在这时，金兀术派遣密使告诉秦桧说：

"你朝夕请和，但岳飞却天天想着要收复中原。岳飞不除掉，议和是不可能的。"

金军明确提出要以杀岳飞为议和的条件。赵构、秦桧阴谋杀害岳飞，以达到求和目的。

秦桧首先串通朝中的奸臣，请求高宗罢了岳飞的官，让他到庐山闲居。接着，又伙同卖身投靠的张俊用重赏手段向岳兵搜集岳飞"谋反"的罪状，结果一无所获。

秦桧又派人到庐山把岳飞诱骗到临安，以谋反罪名关在朝廷审判机关——大理寺。

主审官周三畏、何铸审岳飞时，岳飞义正辞严地申辩了一番。岳飞“精忠报国”的赤诚之心，使主审官甚为感动，随后即为岳飞申冤。秦桧见这两个主审官很不得力，立即改换了个心狠手辣的家伙来办理此案。

此人先关了那些为岳飞鸣冤叫屈的官员，然后，一手遮天，胡作非为，编造岳飞罪状，说什么岳飞部将王俊告岳飞父子把持重兵，班师之后又与张宪暗传密信，阴谋夺取兵权，反对朝廷。岳飞不服，要求拿出证据。

此人支支吾吾，拿不出半点证据。岳飞骂道：

“无凭无据，兴起风波，分明是你们这些卖国贼蓄意诬陷！”

结果，岳飞父子及张宪等人遭到一顿毒打，但他们始终不招。秦桧等虽然找不出岳飞谋反的任何证据，但还是要以谋反之罪处死他。这种丑行激起了强烈的民愤，广大民众极力要求释放岳飞。宋高宗见岳飞如此深得人心，又惊又恼，越发不肯释放他。秦桧等趁机编造岳飞罪状上报结案，决心处死岳飞。

这时，因反对议和而被罢官的韩世忠，实在忍无可忍，便到丞相府去质问秦桧，秦桧回答说：

“岳飞父子与张宪密信虽然不明，但其事莫须有（或许有）。”

韩世忠愤慨地说：

“‘莫须有’三字何以服天下？”然而，高宗、秦桧一伙终于以这“莫须有”的罪名，杀害了爱国将领岳飞。

后来，人们根据这个故事，编成了歇后语“秦桧杀岳飞——罪名莫须有”。

[故事小质疑]

秦桧下场如何？

绍兴二十五年（公元1155年）十月二十二日，66岁的秦桧终于在人们的唾骂声中走完了他罪恶的一生。一百多年后，被秦桧弄得奄奄一息的南宋王朝终于在元王朝的铁蹄下化为历史陈迹，秦桧也被永久地钉在了历史的耻辱柱上，成了遗臭万年的大奸臣。

[脑筋急转弯]

你知道下面这个歇后语吗？快动脑想想吧！

监牢里蒸馍——？

项羽攻秦——破釜沉舟

据《史记·项羽本纪》记述，秦国大将章邯在山东定陶把项梁打得大败，项梁也就在这时候死了。章邯乘胜派王离和涉闲去打赵王，一下子又把巨鹿城紧紧地围住了。

项梁的侄子项羽派英布和蒲将军领两万兵去援救，一时没有获得胜利。赵王的大将陈余请求项羽增加兵力，项羽就亲自统率部队去救巨鹿。

当部队渡过漳河之后，项羽命令把所有的船只都沉入水底，沉到河底下去。再把饭锅完全打碎，把岸上的房屋统统烧光。每人只发给三天的干粮，去上战场。这样做，是向大家表示宁愿战死也不回来的决心。果然，经过九次激烈的战斗，终于消灭了秦国的军队，并且俘虏了王离，杀死了苏角，逼死了涉闲。项羽从此也成了当时各处诸侯的领袖。

人们根据这个故事，编成了歇后语“项羽攻秦——破釜沉舟”。

[人物背景]

项羽(前232—前202)，名籍，字羽，下相(今江苏宿迁市西南)人，楚国贵族的后裔。秦末农民起义领袖，杰出的军事统帅。

[脑筋急转弯]

你知道下面这个歇后语吗？快动脑想想吧！

肥猪跑进屠户家——？

薛仁贵征东——白袍(跑)

薛仁贵是唐朝名将。他少年时代家境贫寒,以种田为生。他生得魁伟英俊,聪明过人,练武习文,志向不凡。他的妻子很贤惠,治家能力很强。

唐太宗想东征高丽时,到处招求良将。薛仁贵听从妻子的劝告,参加了张士贵将军的部队。因杀敌有功,勇名到处传颂。

唐太宗于公元645年亲征高丽时,薛仁贵也参加了从征的队伍。唐军先进攻安市城,高丽派遣大将高延寿等人率兵二十万迎战,太宗令众将分头进击。

薛仁贵自恃勇猛,穿着白衣服,挥动着武器,在敌阵内反复冲杀,唐军乘机猛攻,把高丽军打个大败。唐太宗亲眼看到了这个情况,十分高兴,便派使者去问:

"穿白袍的将领是谁?"

使者回答说:

"薛仁贵。"

唐太宗立即召见,授予他游击将军称号。

东征还师后,唐太宗再次召见薛仁贵,说:

"原来跟随我的大将们都老了,早就想任用年轻力壮的勇敢将领,你就是我看到的理想人才。这次出征,我不喜欢得到辽东的地盘,而是喜欢得到你啊!"

随即升任他为右领军中郎将。

不久,唐太宗病逝,高宗继位。唐高宗又先后再次出兵攻打高丽,薛仁贵奉命出征,立下赫赫战功。

人们根据薛仁贵穿着白袍勇猛作战的故事,编成了歇后语"薛仁贵东征——白袍(跑)"。

[人物背景]

唐太宗(599—649年),唐高祖李渊的第二子。他是中国历史上有名的君王。

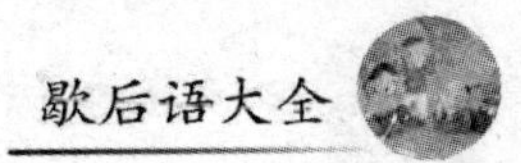

[脑筋急转弯]

你知道下面这个歇后语吗？快动脑想想吧！

晨鸡打鸣——？

程咬金的武艺——三板斧

程咬金，字知节，济州东河（今属山东省）人。据《说唐》描述，他出身贫苦，原是江湖上的流浪汉，性格憨直粗野，刚烈好斗。

隋末，他随从李密参加瓦岗军，后来归顺唐高祖李渊。在传统戏剧舞台上，他被塑造成一个维护正义、风趣可亲、保持民间英雄本色的丑角形象。

程咬金结识尤俊达后，入伙为盗。尤俊达问他会使用什么兵器，程咬金说：

“小弟不会使别的兵器，往常劈柴的时候，就把斧头提起舞舞弄弄，所以会使斧头。”

尤俊达叫家丁取出一柄八卦宣花斧，重六十四斤，一路一路地教程咬金斧法。不料，程咬金心性不通，学了第一路，忘记了第二路；学了第二路，又忘记了第一路。

当天夜间，程咬金在睡梦中，遇见一个老人教他骑马弄斧。这个老人举斧在手，一路路使开，把六十四路斧法教给他了。

程咬金醒来后，想把梦中学到的斧法演习一番，没有马，便将厅上的一条板凳当马骑。

他取来一条索子，一头缚在板凳上，一头缚在自己颈上，骑了板凳，双手托斧，满厅乱跑，舞弄起来。

尤俊达在房内被惊醒，从厅后门缝里一看，只见月光照人，如同白昼，程咬金在那里骑着板凳，舞弄斧头，甚是奇妙。

尤俊达心中大喜，便走出来，大叫“妙啊”！程咬金正舞到兴头上，突然被这一喝声冲破，结果只学得三十六路，后边的数路都忘记了。

正因为这样，程咬金的武艺，便是耍斧头，而他使用斧头，只是头三下厉害，后面就没有劲了。

人们根据这个故事，编成了“程咬金的武艺——三板斧”、“程咬金的三斧头——虎头蛇尾”等歇后语。

[快言快语]

下面绕口令最快可用六秒钟读完，你能做到吗？试试看。

瘸　子

北边来了一个瘸子，背着一捆橛子。
南边来了一个瘸子，背着一筐茄子。
背橛子的瘸子打了背茄子的瘸子一橛子，
背茄子的瘸子打了背橛子的瘸子一茄子。

[脑筋急转弯]

你知道下面这个歇后语吗？快动脑想想吧！

西施坐飞机——？

程咬金做皇帝——不耐烦

据《说唐》描述，程咬金大反山东后，用三斧头取下瓦岗寨，探地穴，拜大旗，被众将尊崇为“皇帝”。但是，他仍然改不掉原先江湖上流浪汉的习气，结果做了三年的皇帝，便感到不耐烦，自己提出不当了。

这一天临朝，程咬金对众人说：

“我这皇帝做得辛苦，一早要起来，夜深还不睡，何苦这样呢！我如今不做皇帝了！”

说着，他摘掉头上的金冠，脱掉身上的龙袍，走下来叫嚷：

“哪个愿做皇帝的上去，我让给他！”

众将说：“主公何故如此？”

程咬金说：

“我真的不做了！”

徐茂公暗想：

“他原只得三年，运气今已满了。军中无主，如何是好？”

便屈指一算，叫声：

“列位将军，有个真主到了。”

徐茂公所指的真主，就是魏国公李密。

李密因误杀越国公杨素，正被押解朝廷，问罪处斩。

程咬金得此消息，提斧上马，带领众将下山劫持路过瓦岗寨的李密。他一马当先，杀散众人，打开囚车，取过金冠龙袍，便请李密穿着，上辇回寨。众将也都更换朝服，拜请李密升殿。

众文武百官参贺完毕，降旨改天年、立国号。李密自立为西魏王，改瓦岗寨为金镛城。

接着封官赏爵，程咬金被封为螭虎将军，把家眷移出府外，另居别处。

人们根据这个故事，编成了歇后语“程咬金做皇帝——不耐烦”。

[考考你]

程咬金为什么不当皇帝了？

[脑筋急转弯]

你知道下面这个歇后语吗？快动脑想想吧！

斗败的公鸡——？

程咬金拜大旗——运气发旺

据《说唐》描述，程咬金等三十七个好汉攻取瓦岗寨之后，正在聚宴欢庆。突然听见“轰隆”一声巨响，大家出来查看，原来是教场中演武厅被震开一个大地穴，洞深莫测，无人敢下去探察。

这时，徐茂公提出用拈纸阄的办法来抓阄，写下三十七个纸阄，其中三十六个写上“不去”二字，一个写上“去”字，哪个拈着了“去”字，就下地穴去。

结果，恰好是程咬金拈着“去”字那一个，他不得已，便带了大斧，坐在大筐子里，缚住绳头，放下去有六七十丈深，才到了底。

洞底一片漆黑。程咬金爬出筐子，提斧在手，向前摸去。他转过了两个弯，忽见前面有一对亮光，心想：

“哎呀！这一定是妖怪的两只眼睛了！”

便赶上前，一斧劈过去，“豁浪”一声砍开，原来是两扇石门，里面又是一个世界。程咬金走进石门，见上边也有天，下边一条河，中间有石桥。走过了桥，却是三间大殿，静悄悄的，没有一个人。

程咬金走到厅中间，见桌上摆着一顶冲天翅的金璞头、一件杏黄龙袍、一条碧玉带、一双无忧履。

程咬金见了，觉得稀奇，就把头上的紫巾扯掉，换上冲天翅的金璞头，穿上杏黄龙袍，系上碧玉带，换上无忧履。他又见桌边有一个宝匣，打开一看，见有一块玄圭，一张纸。程咬金不识字，就把匣子塞在怀里，下了厅，跑出石门。

那石门一声响，立刻关上了。程咬金大叫“好险”！七爬八跌，摸着筐子，坐进去，乱摇那绳子。绳子上挂着的大铃叮当直响。上面的人连忙拽起筐子，他才出了地穴。

程咬金刚刚走出筐子，又是一声响，地穴自动关闭了。众人见他这般穿戴，都感到稀奇。程咬金把前面的事细说一遍后，取出宝匣。

徐茂公见纸上写着：

“程咬金举义集兵，为三年混世魔王，扰乱天下。”

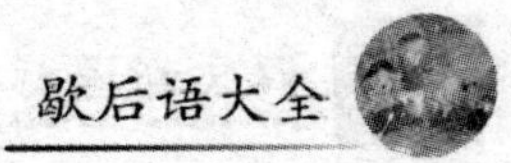

程咬金大喜说：

“这个自然由我做皇帝。”

徐茂公恐怕众将不服，说：

“如今可将旗杆上的帅字旗放下来，我们大家个个拜过去，若哪一个拜得旗起，便推他为主。”

众人齐说：

“有理。”

接着一个个拜完，哪里拜得起？程咬金说：

“待我来拜。”

他上前拜下去，呼的一声响，那面旗拽将起来。程咬金高兴得连蹦带跳地说：

“到底是由我做皇帝啦！”

徐茂公吩咐把帅府改作皇殿，择吉日请程咬金升殿。众人朝贺完毕，徐茂公请主公改年号，立国号。

程咬金说：

“我在这里做皇帝，不过混混而已，如今可称长久元年，混世魔王便了。”

接着，封徐茂公为左丞相、护国军师，封魏征为右丞相，封秦琼为大元帅，其余一概都是将军。

后来，人们根据这个故事，编成了歇后语“程咬金拜大旗——运气发旺”。

[趣味大转盘]

读读下面以“程咬金”开头的歇后语。

程咬金的斧子——一面砍

程咬金卖耙子——一路横刮

程咬金的马——不出头

程咬金的徒弟——快三斧

程咬金做皇帝——不耐烦

程咬金坐镇瓦岗寨——土皇帝

程咬金上阵——三斧开路

程咬金上殿——来不参拜，去不辞别

[脑筋急转弯]

你知道下面这个歇后语吗？快动脑想想吧！

跌倒捡块银元——？

塞翁失马——因祸得福

《淮南子》上有这样一个故事：古时候，边塞上有一个人的马忽然跑到邻国去了，邻居们都来安慰他。他的父亲却说：

“这何尝不是幸事呢？”

过了几个月，跑掉的那匹马带着邻国的一匹骏马跑了回来，人们都来祝贺他。他的父亲却又说：

“这何尝不是祸事呢？”

这人的家里本来有钱，又有了好马，他的儿子特别爱骑。有一天，一不小心，儿子从马上摔下来，跌断了大腿骨，人们都来看望。他的父亲又说：

“这何尝不是幸事呢？”

过了一年，邻国入侵。年轻力壮的人都去当兵打仗，死在边境上的十之有九，只有那人的儿子因为骑马跌成了跛子，没有参战，得以保全了性命。

人们根据这个故事，编成了歇后语“塞翁失马——因祸得福”。

[人物背景]

《淮南子》又名《淮南鸿烈》，是西汉初年淮南王刘安及其门客李尚、苏飞等人共同编著的百科全书，它也是研究古代神话的宝典。

[脑筋急转弯]

你知道下面这个歇后语吗？快动脑想想吧！

蚕宝宝的肚子——？

寒山寺的钟——懊恼来

苏州寒山寺，有一口古老的铜钟。据传说，这口钟是几千年前从东洋大海漂来的，是口神钟。它时常独自遨游四方，好不自在！

一次，这口铜钟漂到苏州阊门外枫桥附近，从云头落下地来休息时，被当地寒山寺的当家和尚发现了。寒山寺的和尚识得此宝，拿来一条铁链把它锁住了。

铜钟被锁住之后，再也不能远走高飞。它非常懊恼来到这里，想用法力半夜里挣脱，以便重新获得自由，好去周游各地，观赏神州风光。

可是，寒山寺的和尚也有法术，他算定铜钟要在半夜里飞去，便提前摸黑起来，拿着木棍去敲打它。

铜钟有法无处使，铁链挣脱不掉，更加懊恼。和尚敲打一下，它就哭一声"懊恼来！"再敲一下，它就又哭一声"懊恼来！"

就这样，这口铜钟误了时辰，再也挣脱不掉了。

人们根据这个故事，编成了歇后语"寒山寺的钟——懊恼来"。

[故事小质疑]

寒山寺在哪儿？

寒山寺位于苏州城西约三公里处的枫桥镇。它始建于六朝，距今已有1400多年的历史，唐贞观年间改名为寒山寺。寺内主要建筑有：大雄宝殿、庑殿（偏殿）、藏经楼、碑廊、钟楼、枫江楼等。

[脑筋急转弯]

你知道下面这个歇后语吗？快动脑想想吧！

戈壁滩上的黄沙——？

童子拜观音——收住了身

据《西游记》描述，童子即牛魔王的儿子红孩儿，唤作圣婴大王。他在号山枯松涧火云洞捉住了去西天取经的唐僧。孙悟空等人与他交战，他放出三昧真火来，使孙悟空等人无法对付。孙悟空到普陀岩来请教观音菩萨，观音便让木叉向其父王借来了天罡刀三十六把。

观音与孙悟空来到号山。观音在孙悟空手心里写了一个"迷"字，叮嘱道：

"捏着拳头，快去与那妖精索战，许败不许胜，你把他引到我跟前，我自有法力收他。"

孙悟空领命去了。在孙悟空的挑逗下，红孩儿出来与之交战。孙悟空边打边退，终于把妖王红孩儿引到观音跟前。孙悟空说：

"妖精，我怕你了，你饶我吧。你现在到了南海观音菩萨面前，怎么还不回去？"

妖王不信，咬着牙，只管追赶。孙悟空一闪身，藏在观音的神光影里。那妖王见没了孙悟空，定眼一看，果真是观音，便说：

"你是孙行者请来的救兵吧？"观音不答应。妖王端起长枪向观音胸口刺去。观音化道金光，升到九霄。妖王以为自己胜了，便得意洋洋地坐到观音丢掉的宝莲台上。谁知观音叫了一声"退！"那宝莲台变成了一把把刀尖，直刺妖王的屁股和两腿。妖王咬着牙，忍着痛，丢了长枪，用手乱拔尖刀。

妖王痛苦地叫道：

"菩萨，弟子有眼无珠，不识你广大法力。请您大发慈悲，饶我性命！

我再不敢作恶，愿入法门受戒！”

观音见他服输，便答应了他的要求，并称他为善财童子。随后，又叫木叉将刀送回天宫。

妖王野性未改，见观音差人将刀拿走，便立即拾起长枪，往观音脸上刺来。孙悟空抡起铁棒要打。观音说：

“不要打，我自会惩治。”

随即从袖筒里取出一个金箍儿，对孙悟空说：

“这宝贝原是我佛如来赐给我往东土寻取经人的‘金紧禁’三个箍儿。紧箍儿，先给你戴了紧箍儿，又收了守山大神。这个金箍儿，不曾舍得给别人，现在此妖无礼，就给他吧。”观音将箍儿迎风一晃，叫声“变！”马上变作五个箍儿，往童子身上扔去，叫了声“着！”一个套在他头顶上，两个套在他左右手上，两个套在他左右脚上。接着，观音又念了几遍金箍咒，勒得那妖精搓耳揉腮，乱蹦乱跳。

孙悟空笑道：

“我的乖乖，菩萨怕你养不大，给你戴上颈圈镯头哩。”

那童子听了，一阵恼怒，端起枪来就刺他。观音一念咒，叫声“合！”他丢了枪，一双手合掌当胸，再也不能开放。那童子无可奈何，才低头下拜。

后来，人们根据这个故事，编成了歇后语“童子拜观音——收住了身”。

[脑筋急转弯]

你知道下面这个歇后语吗？快动脑想想吧！

放鸭子的人——？

瞎子摸象——乱猜

这是印度佛经中的一个故事。

传说古时候，有个国王，叫大臣牵来一头大象，让几个瞎子去摸。

这些瞎子什么也看不见，不知道大象是个啥样子，他们都从自己站立的地方往前走几步，摸着大象的某个部位。

隔了一会儿，国王问这几个瞎子：

"大象跟什么东西一样？你们说说看。"

于是，摸到大象牙齿的说，大象如一根长长的萝卜；摸到大象耳朵的说，大象似一只簸箕；摸到大象脚的说，大象好像一只舂米的石臼，又圆又粗；摸到大象脊背的说，大象像一张床，平平坦坦；摸到大象肚皮的说，大象好比一只很大的甏；摸到大象尾巴的说，大象又长又细，仿佛一根绳子。

几个瞎子，各执己见，各说各有理，争论不休。

最后，国王告诉他们说：

"你们谁也没有说准，因为你们都只是摸到大象的一部分。"

人们根据这个故事，编成了"瞎子摸象——乱猜"、"盲人摸象——各执己见"等歇后语。

[快言快语]

下面绕口令最快可用两秒钟读完，你能做到吗？试试看。

汤烫塔

老唐端蛋汤，
踏凳登宝塔，
只因凳太滑，
汤洒汤烫塔。

[脑筋急转弯]

你知道下面这个歇后语吗？快动脑想想吧！

裁衣不用剪刀——？

猪八戒吃人参果——不知其味

据《西游记》描述，孙悟空、猪八戒、沙僧护送唐僧上西天取经路上，来到万寿山。这山中有一座观，叫做五庄观。观里出“人参果”。

这宝物三千年开一次花，一万年才能吃。这一万年里，只能结三十个果子。果子的模样，就像刚生下来不到三天的小孩子，四肢俱全，五官都有。谁若有福分，得了这种果子闻一闻，就能活三百六十岁；若吃一个，就能活四万七千年。

然而，当五庄观里的两个看家的小徒弟从树上摘下两个人参果给唐僧吃时，他认为这是三朝未满的孩童，不忍心吃下去。

那两个小徒弟，见唐僧坚决不吃，只好端回他们的住房。这果子不能久放，他们一人一个吃起来。

这时，正在隔壁房间里做饭的猪八戒，听两位小徒弟说，唐僧不认得人参果，所以才拿回房里自己吃，于是嘴里忍不住流出了口水，心想：

“我怎么不弄一个尝尝鲜？”

过了一会儿，悟空来了。猪八戒把情况述说了一番，想请孙悟空进园去偷几个来。孙悟空答应了。

孙悟空趁两个小徒弟不在时，悄悄地来到人参树下，“嗖”的一声上了树，摘下来三个人参果，兜在衣襟里。他跳下树，急忙回到厨房里去。

猪八戒笑道：

“哥哥，有吗？”

孙悟空说：

“这不是嘛！吃果子时，也不要忘了沙僧，你叫他一声。”八戒随即招手叫来沙僧。他们仨一人一个。

八戒食量大，口又大，早就馋得喉咙里伸手，他一见果子，拿过来，张开口，囫囵吞咽下肚。

这时，他反瞪着眼，一本正经地要赖皮，向孙悟空、沙僧说：

“你们俩吃的是什么？”

沙僧说：

"人参果。"

八戒说：

"什么滋味？"

孙悟空说：

"你先吃了，又来问谁？"

八戒道：

"哥哥，我吃得快了些，不像你们细嚼细咽，尝出些滋味。我也不知有核无核，就吞下去了。"

后来，人们根据这个故事，编成了"猪八戒吃人参果——不知其味"、"猪八戒吃人参果——不知贵贱"等歇后语。

[活动展示站]

在我国流传着许多有关猪八戒的有趣故事，请你搜集一两个讲给大家听听。可以请老师和同学们评评，谁讲得最好？有兴趣吗？赶快试试吧！

[脑筋急转弯]

你知道下面这个歇后语吗？快动脑想想吧！

点灯没油——？

猪八戒照镜子——里外不是人

猪八戒是《西游记》中的人物，原名猪刚鬣，本是天河天蓬元帅，总督天河水兵。

有一次，他赴王母娘娘的蟠桃盛会，因贪桃甜酒美，多喝了几杯，不觉酩酊大醉。猪刚鬣乘着酒兴，闯进广寒宫中，调戏了嫦娥，被纠察灵官奏到玉皇大帝那里。

玉帝大怒，要依法处决猪刚鬣。多亏太白金星出来求情，说他是醉后失礼，饶了死罪。

猪刚鬣被重打三千锤后，又贬出天门，下凡投胎。没想到，他误投到母猪胎里，变成了猪的样子。后来，观音菩萨给他起名叫“猪八戒”，教他跟随唐僧往西天取经。

猪八戒身粗力大，很能干活，性格憨厚，本质并不坏。但他好吃懒做，喜进谗言，爱占便宜，贪图女色。这些特点，错综地结合在他身上，成为一个喜剧性的人物形象。

在民间流传的歇后语中，有许多是用猪八戒的名字和性格特征构成的。

因为他长着大耳朵、长嘴巴，猪头人身，面目难看，后人便编出了“猪八戒照镜子——里外不是人”、“猪八戒搽粉——遮不住丑”等歇后语。

[趣味大转盘]

读读下面有关“猪八戒”的歇后语。

猪八戒败阵——倒打一耙子

猪八戒扮新娘——越扮越丑

猪八戒戴红花——自觉自美

猪八戒演讲——大嘴说大话

猪八戒吃挂面——狼吞虎咽

猪八戒生天花——肉麻

猪八戒娶妻——黑灯瞎火

[脑筋急转弯]

你知道下面这个歇后语吗？快动脑想想吧！

猪八戒直咬牙——？

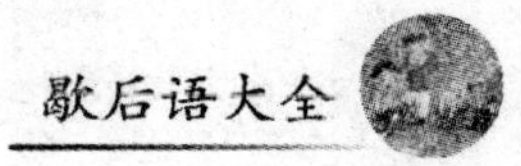

蒋干盗书——上了大当

据《三国演义》描述，曹操手下的谋士蒋干，是一个猥琐无能的人，但他又装模作样，大言不惭，好像自己多了不起似的。

曹操带领八十三万大军攻打东吴失败后，仍不甘心。一天，他召集文武官员，商量怎样再去攻打的问题。这时，蒋干对曹操说：

“丞相不必劳师动众，我和周瑜是同学，一向很有交情，现在我就往东吴去一趟，只要三言两语，包管说动周瑜前来投降。”曹操表示同意。

蒋干坐船过江来到东吴，周瑜忙上前行礼。蒋干说：

“好久不见老朋友了，特地来看望你……”周瑜点头笑笑。随后传令文武官员前来与蒋干相见，并一一向蒋干作了介绍。接着，又大摆酒席宴请蒋干。喝到半醉，周瑜拉着蒋干的手来到帐外看他的士兵、粮草。他们转了一阵儿，又请蒋干入帐继续饮酒。

这席酒一直喝到深夜，周瑜大醉，拉着蒋干一起回到自己帐内，说道：

“我们分别多年了，今晚咱就睡在一起吧！”蒋干很高兴地答应了。

周瑜穿着衣服往床上一倒下就呼呼睡着了。蒋干有心事，望着桌上明亮的灯烛，哪能睡得着呢。他悄悄起床，只见桌上堆着一大叠文件，仔细一看，全是些来往的信件。其中，有一封是曹操手下的蔡瑁、张允写来的，内容是打算割了曹操的头来献给周瑜。蒋干看罢，心里说：

“险呀！幸亏我过江来发觉这个机密，不然的话，丞相就完了！”正在这时，周瑜在床上翻了个身，嘴里含含糊糊地说着梦话：

“隔几天我教你看看曹操的头……”吓得蒋干忙把信藏在袖子里，吹灭了灯，赶快睡下来。他很想乘机探听到一些机密，可是周瑜又呼呼睡着了。

到了四更天，有人走进帐来，小声喊醒周瑜。周瑜发现自己床上睡着一个人，十分吃惊，生怕自己昨晚喝醉了酒说了些什么。他轻声喊喊蒋干，蒋干装睡着，一声不吭。这时，周瑜悄悄起来，吩咐那人到外面说话。蒋干侧耳一听，原来那人是说江北来了人，说蔡瑁、张允一时还不能杀掉曹操。过了一会儿，周瑜进帐，又喊喊蒋干，蒋干仍装睡不应。周瑜脱下衣服，上床又睡了。蒋干等周瑜睡着，便悄然溜出去，回到了曹营，把所见所闻一五一十地告诉了曹操。曹操勃然大怒，立即杀死了蔡瑁、张允。周瑜听此消息，高兴得笑了起来。原来周瑜因为蔡瑁、张允两人久住江东，熟悉水战，现在他用计策借曹操之手除了他们。蒋干盗走的所谓密信以及周瑜喝醉、呼呼大睡等等，全是周瑜施的计谋。

后来，人们根据这段故事，编成了"蒋干盗书——上了大当"、"蒋干访周瑜——窥察动静"等歇后语。

[快言快语]

下面歇后语最快可用四秒钟读完，你能做到吗？试试看。

狗　与　猴

树上卧只猴，树下蹲条狗。

猴跳下来撞了狗，狗翻起来咬住猴。

不知是猴咬狗，还是狗咬猴。

[脑筋急转弯]

你知道下面这个歇后语吗？快动脑想想吧！

初学自行车——？

楚霸王被困——四面楚歌

据《史记》记述，秦朝灭亡之后，项羽和刘邦为了争夺统治权，双方进行了四年的楚汉战争。

公元前202年12月，汉王刘邦率领汉军，将项羽的楚军重重包围在垓下（今安徽省灵璧东南）。这时，项羽手下的兵士已经很少，粮食又缺乏。夜里听见四面围住他的军队都唱起楚地的民歌，不禁非常吃惊地说："刘邦已经得到楚地了吗？为什么他的部队里面楚人这么多呢？"

说着，项羽就从床上爬起来，在营帐里面喝酒，并和他最宠爱的妃子虞姬一同唱歌。唱完，直掉眼泪。在他旁边的人也非常难过，都哭得抬不起头来。

一会儿，项羽骑上马，带着剩下的八百名骑兵，从南面突围逃走。一边逃，一边打，一直逃到乌江（在今安徽省和县东北）西岸，身边只剩下二十八个人，而追兵却有几千人。他看到失败的局势已经十分明显，没有脸面再回到江东去，便在江岸边自刎了。

后来，人们根据这个故事，编成了“楚霸王被困——四面楚歌”、“楚霸王逼死乌江——没脸回江东”、“楚霸王自刎——没脸回江东”等歇后语。

[趣味大转盘]

读读下面以“楚”字开头的歇后语。

楚霸王种蒜——栽到家啦

楚霸王打天下——有勇无谋

楚霸王的鸿门宴——去也得去，不去也得去

楚霸王举鼎——力大无穷

楚汉相争——势不两立

楚河汉界——一清二楚

[脑筋急转弯]

你知道下面这个歇后语吗？快动脑想想吧！

高个子爬山——？

击鼓骂曹——当场指责

在古典文学名著《三国演义》里，有个祢衡击鼓骂曹操的故事。

祢衡，字正平，三国平原般（今山东省临邑县东北）人。他颇有才干，能言善辩。

有一次，曹操召见祢衡，不叫他坐。祢衡仰天长叹说：

“天地虽阔，怎么没有一个人呢？”

曹操问：

“我手下有数十人，都是当世英雄，怎么说没有人？”

祢衡说：

“你手下这些人，我都认识，不是要命将军，就是要钱太守，都如同衣架饭囊、酒桶、肉袋之辈！”

曹操听了大怒，不肯重用他，叫他当了个打鼓手，早晚朝贺和宴会时，都叫他打鼓助乐，想用这个办法侮辱、奚落祢衡。

一天，曹操在大厅上宴请宾客，叫祢衡出来打鼓。按规矩，打鼓手要更换新衣服，可是祢衡仍然穿着破旧衣服出来打鼓。曹操左右的人问他：

“为什么不换新衣服？”

祢衡并不答腔，干脆当场脱下衣服，裸体而立，在众宾客面前，大出曹操的丑！

曹操气得大骂：

“大庭广众之下这样做，真是太无礼！”

祢衡回答：

“欺君罔上，才是无礼。我露父母之形，以显出清白的身体！”

曹操问：

“你清白，谁污浊？”

祢衡慢条斯理地告诉他：

“你不识贤愚，是眼浊；不读诗书，是口浊；不纳忠言，是耳浊；不通古今，是身浊；不容诸侯，是腹浊；常怀篡逆，是心浊！”

祢衡袒露着身体，当着众人面，一边击鼓，一边大讲曹操的罪恶行径。

曹操当场被骂得火冒三丈，立即令人将他遣送给荆州刘表。曹操想借刀杀人，被刘表所识破，又转送给江夏太守黄祖。不久，祢衡被黄祖杀害。

人们根据这个故事，编成了歇后语“击鼓骂曹——当场指责”。

[人物背景]

曹操(155—220 年),字孟德,沛国谯阳(今安徽省亳州市)人。中国历史上著名的政治家、军事家和文学家。

[趣味大转盘]

读读下面有关曹操的歇后语,可有意思啦!

曹操杀吕伯奢——将错就错

曹操作寿——贺礼实收

曹操吃鸡肋——食之无味,弃之可惜

曹操遇蒋平——背时

曹操献刀——随机应变

曹操败走华容道——不幸中之大幸

曹操戴着望远镜——草草(曹操)了事

曹操遇马超——割须弃袍

据《三国演义》描述,曹操伪造诏书。召马腾进京(许昌)。马腾在城下遭到曹兵袭击,负伤后被擒。曹操立即下马,将马腾杀掉了。

住在西凉的马腾之子马超听到凶信,恨得咬牙切齿,发誓要杀死曹操。他和韩遂一起出兵,一路势如破竹,先攻破了长安,又攻入潼关。

这时,曹操亲自率领着大军赶到,把守潼关的将领曹洪、徐晃大骂了一通,又下令攻关。

马超早在关前布好了阵势,大喝道:

"操贼快来受死!"

曹操望见马超白马银枪,英勇非常,知道不可轻敌。他正要上前答话,只见马超咬牙切齿,挺枪直杀过来,一连杀败了曹营的十多员上将。马超举起枪向后一招,西凉兵士人人奋勇,个个争先,呐喊着直冲曹营去捉曹操。

曹操见来势凶猛，便赶快逃跑。西凉兵士怕他走脱，一面追赶，一面齐声大喊："穿红袍的是曹操！"曹操慌忙脱下红袍，随手一丢，纵马加鞭而逃。走不多远，又听得西凉兵士在背后大喊：

"长须的是曹操！"

曹操惊慌失措，拔出佩剑，忙把一绺长胡须割掉。西凉兵士又在后面高喊：

"短须的是曹操，快把他捉住！"

曹操又慌忙扯下旗角，围在颈上，拼命逃窜。在部下将兵的接应下，才得以脱身回寨。

后来，人们根据这个故事，编成了歇后语"曹操遇马超——割须弃袍"。

[考考你]

(1)马超为什么要杀曹操？

(2)曹操在逃跑中为什么要割须弃袍？

[脑筋急转弯]

你知道下面这个歇后语吗？快动脑想想吧！

出门落个雨淋头——？

鲁智深出家——一无牵挂

鲁智深是《水浒传》中具有强烈反抗精神的英雄人物。他没有家庭，也没有产业，孤身只影，一无牵挂。他慷慨、直爽、粗犷豪迈，心地质朴，是广大读者喜爱的一个文学形象。

鲁智深在渭州做提辖时，有一天正在潘家酒楼上与史进、李忠一起喝酒，忽听得隔壁屋子里有人呜呜咽咽啼哭，他让人把啼哭者叫来一问，原来是金老与女儿二人流落在此，受到屠户镇关西的欺侮。

鲁智深一听，愤愤不平，非要去教训镇关西不可。他向史进借了十两银子，加上自己的五两，一起给了金老，让他们赶快回家去。

鲁智深保护金老离开渭州后，又来找镇关西，先叫他割十斤精肉，十斤肥肉，又叫他割十斤软骨，并要他全部切成肉末和骨末。

镇关西觉得鲁智深在故意捉弄他，有些不高兴。鲁智深把两包肉末、骨末劈脸砸去。

镇关西大怒，拿起剔骨头的尖刀就要砍鲁智深。鲁智深往他小肚子上猛踢一脚，随后又揍了三拳，镇关西倒地而死。

鲁智深想：

“俺本来只是想把这家伙痛打一顿，想不到三拳把他打死了。我要吃官司，又没人送饭，怎么办呢？不如及早走开。”

于是，拔腿就走。

他回到住处，急忙卷了些衣物，带了些银两，提了一条齐眉短棒，奔出南门，飞快地逃走了。

镇关西死后，官府随即到处捉拿鲁智深。鲁智深自离开了渭州，东逃西奔，走过了几个州府，半个月之后来到了代州雁门县。在这里，巧遇金老及其女儿。

在他们父女俩的帮助下，由当地的赵员外介绍，让鲁智深进了三十里开外的五台山上的文殊院做了和尚。

因为鲁智深没有家庭，没有产业，所以后来人们根据这个故事，编成了歇后语“鲁智深出家——一无牵挂”。

[脑筋急转弯]

你知道下面这个歇后语吗？快动脑想想吧！

的确良衬衫——？

[快言快语]

下面绕口令最快可用两秒种读完，你能做到吗？试试看。

蚕　和　蝉

这是蚕，那是蝉，
蚕常在叶里藏，
蝉常在林里唱。

曹操下宛城——大败而逃

曹操，字孟德，小名阿瞒，谯郡（今安徽省亳州市）人。据《三国演义》描述，东汉末年，他在镇压黄巾起义中，逐步扩充军事力量。

公元192年（初平三年），他占据兖州，分化、诱降青州黄巾军的一部分，编为"青州兵"。

公元196年（建安元年），曹操迎汉献帝进都许昌（今河南省许昌东），后来用汉献帝的名义发号施令，先后削平了吕布等割据势力。官渡之战，他大破世族军阀袁绍以后，逐渐统一了中国北部。

公元208年（建安十三年），曹操晋升为丞相，率军南下，被孙权和刘备的联军击败于赤壁。他曾封魏王，其子曹丕称帝后，追尊他为魏武帝。

公元197年（建安二年），曹操正准备起兵征伐吕布。忽然，流星快马报说，张济自关中引兵攻南阳，被箭射中而死，他的侄儿张绣统其众，屯兵宛城，欲攻曹操。曹操立即引兵十五万，去攻打宛城。张绣率兵抵抗，因寡不敌众，只好投降曹操。

曹操得胜后，引兵进驻宛城，霸占了张济的妻子邹氏，每日取乐，不想归期。

张绣知道后，破口大骂：

"曹操这个老贼，欺我太甚！"

决心要报仇雪恨。他事先分兵四寨，准备好弓箭、兵器，并用酒灌醉曹操的卫士，然后利用夜间偷袭曹营。结果曹兵大败，曹操在慌乱中上马逃奔，右臂中了一箭，马也被射死。他连滚带爬地逃出宛城，差一点被张绣捉住。

人们根据这个故事，编成了歇后语“曹操下宛城——大败而逃”。

[趣味大转盘]

亦文亦武的曹操

曹操是汉魏时期的政治家、军事家。提起他，人们首先想到的是他驰骋沙场、“挟天子以令诸侯”的豪迈。其实，曹操也是一位出色的诗人。他的文学成就，主要体现在诗歌上。他的诗多是乐府歌词，朴实无华，感情深挚，诗风苍凉悲壮，代表作品有《蒿里行》、《短歌行》、《步出夏门行》、《龟虽寿》等。他可真的称得上是一位“外建武功，内兴文学”的杰出人物。

[脑筋急转弯]

你知道下面这个歇后语吗？快动脑想想吧！

黄鼠狼放屁——？

秦琼卖马——腰里无钱

据《说唐》描述，秦琼在山东济南府当捕快时，有一次奉命与另一名捕快樊虎押解盗犯，分别前往平阳驿、潞州府。秦琼住在王小二店中，等候回批。樊虎到平阳驿交差后，直接回家去了。没想到，两人的盘缠都放在樊虎身上，秦琼住店静候了一个多月，身无分文，贫困潦倒。店小二见到他身上没有银钱，冷言冷语，连连催账。秦琼万般无奈，只得忍痛出卖自己的黄骠马。他见到心爱的黄骠马由于饥饿，一天天瘦下去，十分心疼。一天，他含着泪，牵马来到马市上。来往的人群见他牵着一匹瘦马，嘲笑他说：

“这穷汉，牵着劣马，来此何干？”

等了很久，没有人要买这匹瘦马。

后来，经过一位卖柴老人的指引，秦琼来到二贤庄，将马卖给了潞州好汉单雄信，换得三十两银子，这才交还了店小二的房租和饭钱。后来，人们根据这个故事，编成了歇后语"秦琼卖马——腰里无钱"。

[**人物背景**]

《说唐全传》是中国清代创作的历史演义小说。作品从隋朝末年农民起义一直写到唐王平定割据势力，唐太宗登基。

[**脑筋急转弯**]

你知道下面这个歇后语吗？快动脑想想吧！

鸡戴帽子——？

掩耳盗铃——自欺欺人

《吕氏春秋》上有这样一个故事：

春秋时期，晋国的智伯把范吉射灭掉之后，有人跑到范吉射家里看见一口钟，想背起来，可钟既大又重，怎么也背不动。于是他找了一把铁锤，打算把钟敲碎，再一块块地拿走。不料当铁锤敲到钟上的时候，忽然发出了一阵洪亮的响声。

他恐怕人家听见钟声，赶紧用手捂住自己的耳朵。他以为只要把自己的耳朵捂住，不管钟声怎么响，也不会让人家听见了。其实他这只是欺骗了自己。只要他敲钟，别人就会听见钟声的。

人们根据这个故事，编成了歇后语"掩耳盗铃——自欺欺人"。

[**人物背景**]

《吕氏春秋》又称《吕览》，是吕不韦招集门客编写而成的。全书共160篇，语言生动，常用寓言故事说理，具有浓郁的文学色彩。

[脑筋急转弯]

你知道下面这个歇后语吗？快动脑想想吧！

窗户上糊的纸——？

韩信点兵——多多益善

据《史记》记述，韩信先在项羽部下做一个执戟郎中小官，因不得信任，就离开项羽，投靠了刘邦。

起初他也不能得到刘邦的重用，经过丞相萧何的极力推荐，刘邦才拜他做大将。

从此以后，他帮助刘邦打了不少胜仗，取得了天下。刘邦又封他做齐王，不久改封为楚王。

后来刘邦听信馋言，以为韩信要造反，就采用陈平的计策，假说到云梦泽（今湖北省境内大江南北）去游览，趁机把韩信捉回来。还算好，没有办他的罪，只是把他降做淮阴侯。

有一天，刘邦和韩信谈论起他的武将们的本领，当时两人各有不同的看法。最后刘邦笑嘻嘻地问：

"像我能带多少兵？"

韩信回答说：

"您不过能带十万兵。"

"那么你呢？"

韩信说：

"臣多多而益善耳！"意思是他带兵越多越好。

刘邦忍不住哈哈大笑，接着问：

"你带兵既然越多越好，那么怎么会被我捉住的呢？"

韩信解释说：

"您虽然不能将兵，但善于将将。这就是我被您捉住的道理哟！"

后来，人们根据这个故事，编成了歇后语“韩信点兵——多多益善”。

[考考你]

韩信为什么被降做淮阴侯？

[脑筋急转弯]

你知道下面这个歇后语吗？快动脑想想吧！

床底下放炸弹——？

袁世凯做皇帝——短命

袁世凯是北洋军阀的首领。他惯于搞阴谋诡计，是个大野心家和卖国贼。在维新运动期间，善于投机的袁世凯，一度参加了强学会。当维新派得悉慈禧太后、荣禄等人密谋发动政变以推翻新政时，谭嗣同曾密访袁世凯，请袁率兵“杀荣禄、除旧党”。袁当时慷慨激昂地说：

“诛荣禄如杀一狗耳。”可是一转身，他就向荣禄告密，出卖了维新派，促成戊戌政变，从而取得了慈禧太后的信任。1899 年，袁世凯被提升为山东巡抚后，勾结德国侵略者，残酷镇压义和团。1900 年八国联军侵占大沽时，他按兵不动。因此，袁世凯深得外国侵略者的欢心，八国联军统帅瓦德西称袁世凯是他们的“第一好友”。

1901 年 11 月，李鸿章病死，袁世凯继任直隶总督兼北洋大臣。1903 年底又任清政府练兵处会办大臣。他安置亲信，重用嫡系。不久，便成了清朝官员中最有实力的人物。

袁世凯权势日增，引起了清廷王公大臣的猜忌。1907 年，清廷以明升暗降的手法，任命袁世凯为军机大臣，削其实权。1909 年 1 月，清廷又令袁世凯回河南“养病”。袁世凯虽被罢官，但通过他的旧部，仍牢牢控制和操纵着北洋军。

1911年辛亥革命时，在帝国主义的支持下，他担任了内阁总理大臣，掌握了清政府的军政大权。他出兵向革命党人要挟议和，一面威胁孙中山让位，一面挟持清帝退位。1912年3月10日，他在北京就任临时大总统。

袁世凯上台后，加强军阀专制独裁统治。1913年派人刺杀了国民党代理理事长宋教仁，接着又用武力镇压孙中山领导的讨袁军。后来又解散国会，篡改约法，实行独裁专制。1915年5月，他接受了日本帝国主义企图灭亡中国的《二十一条》，以换取日本对复辟帝制的支持。接着，他指使爪牙伪造民意，组织“请愿”、“上书”，要求改共和为帝制，“拥戴”他为“中华帝国大皇帝”。同年12月，他公然宣布恢复君主制度，自称“中华帝国皇帝”，改次年为“洪宪”元年，并定于次年元旦即位。

袁世凯的倒行逆施，激起了全国人民的强烈反对。1915年12月25日，蔡锷首先举兵讨袁，发动了护国战争。接着，贵州、广西、广东、浙江等省先后响应。在全国一片讨袁声中，1916年3月22日，袁世凯被迫宣布取消帝制，但仍称大总统。6月6日，他在全国人民的声讨中，忧惧而死。

袁世凯做皇帝，前后共八十三天。后来，人们据此编成了歇后语“袁世凯做皇帝——短命”。

[人物背景]

袁世凯(1859—1916年)，字尉庭，河南项城人。1915年12月12日，他宣布复辟当皇帝(仅当了83天)。1916年6月6日，他在全国人民的声讨声中死去。

维新运动：1898年，以康有为、梁启超为首的资产阶级维新派掀起了维新变法运动。同年6月11日，光绪帝颁布《定国是诏》，实行变法。9月21日，慈禧太后发动政变，囚禁光绪，杀害谭嗣同等六人，维新运动失败。

[脑筋急转弯]

你知道下面这个歇后语吗？快动脑想想吧！

高空跳伞——

董卓进京——不怀好意

据《三国演义》描述，董卓本来是凉州豪强，镇压黄巾起义军时，常吃败仗。

后来，他向“十常侍”行了贿，不但没被处罚，反而升了官，在西凉统率二十万大军，野心很大。一时，成了地方官中最有势力的人。

有一天，董卓忽然接到大将军何进从京城洛阳派人送来的一封信，一看大喜。原来是汉灵帝死了，何进想趁机除掉把持朝政的宦官，故让董卓带兵进京去帮助他。董卓想：自己这次能带兵进京，日后还可能掌握朝廷大权呐！于是，连夜整顿好人马，急忙出兵。

途中，董卓从逃难的百姓口中，知道何进被害，宦官也被何进手下的将士杀了数千，朝廷里乱成一团糟。新立的皇帝被人劫走，逃到黄河边去了。董卓想：这会儿再不迎上去，天大的机会不就错过了吗？他立即带兵直奔黄河。

到了黄河边，遇到了正在奔逃的新立少帝及其异母弟弟陈留王。

董卓说：

“皇上不要害怕。我是董卓，特地来保护皇上来啦！”随后，董卓护送着少帝等人回到了洛阳。

董卓想：我这次进京，只带了三千名将士，要在朝廷上掌大权，靠这点力量不够。他打算把少帝废了，另立陈留王为皇帝，这样朝政就可以自己说了算。不久，他便靠着手中的兵权达到了目的。他自己当了太尉、相国。为了稳住人心，他把朝廷上有名望的人都封了大官。这么一来，朝廷里的大权就握在董卓手中了。

董卓手中有了权，在京城抢财物，抢美女，还叫人刨开了汉灵帝的坟，把里面的珠宝抢劫一空。朝廷上有了这么一个魔王，老百姓怨声载道。

后来，人们根据这个故事，编成了歇后语“董卓进京——不怀好意”。

[故事小质疑]

董卓下场如何？

王允利用貂蝉实施美人计，离间董卓和吕布的关系，最后借吕布之手杀了董卓。

[脑筋急转弯]

你知道下面这个歇后语吗？快动脑想想吧！

吃的咸盐真不少——？

螺蛳壳嵌肉——恩爱夫妻

从前，在江南一个小村庄里，住着一对夫妻。丈夫是秀才，妻子是农妇。

两人结婚十年来，从来没有吵过一次嘴，也不曾瞪过一次眼，恩恩爱爱，相敬如宾。

这件事被乾隆皇帝知道了，他就是不相信，想亲自试一试，便乘着下江南的机会，下旨召见那位穷秀才，要他三天之内和妻子大吵一场，否则就杀头。

皇帝之命，怎敢违抗？秀才无可奈何，回到家里硬着头皮装出怒气冲冲的样子，二话没说，将桌上的一只夫妻龙凤碗摔个粉碎。

妻子一愣，不声不响地把碎碗片收拾干净，下厨房做饭去了。第一天终于没吵成架。

第二天，秀才想，这回非得发发狠心不可，便当着妻子的面，将一畚箕垃圾全抛在妻子最心爱的床单上。心想，这下子妻子该吵闹啦。谁知，妻子仍然忍气吞声地把床单洗刷干净。这一次，又没吵成。

这天晚上，秀才一夜没合眼，想想限期将过，吵不成可是要杀头的呀！怎么办？

苦思冥想，终于想出一条妙计。第三天清晨，秀才搞来一篮子螺蛳壳，往妻子跟前一撂，说：

“喏，中午就吃这个。”说完，气呼呼地出了门。

丈夫走后，妻子连忙去夹螺蛳肉。谁知，一夹一只空，一连十几只，只只都是空的。再仔细一看，一篮子全是螺蛳壳。俗话说，巧媳妇难做无米之炊，这不是无理取闹，存心难为人吗？妻子急得干瞪眼，气得手发抖，想等丈夫回来评评理。

但她转而一想，这两天丈夫一反常态，其中必有缘故。大吵大闹还不如先应付一下，以后再探究，夫妻感情为重嘛。可是，空螺蛳壳又如何做菜呢？正在着急时，忽然看到放在菜板上的一块猪肉，她灵机一动：何不来个螺蛳壳嵌肉？说做就做，忙到中午，终于做好了。

一直等到日头偏西，丈夫才回家。只见他二话没说，随手拈起一只螺壳，吸了一口，这一吸，吸出一小块肉来，鲜得不得了，心中暗暗叫好，不由得一连吃了几十只，边吃边想，这么贤慧的妻子，真是打着灯笼走遍天下也找不到。吃罢，便如此这般把皇帝召见的事说了一遍。

这一次，妻子可着急了，连忙拖着丈夫吵架。可是这回丈夫反而甘愿杀头也不吵了。

第四天，秀才带着一碗嵌了肉的螺蛳壳谒见乾隆皇帝。乾隆皇帝听了秀才的陈述，然后亲自品尝了一只，果然鲜味绝伦，一喜之下，不但不杀秀才，还把他妻子召来，大大奖赏了一番。

从此，御厨菜谱中便多了“螺蛳壳嵌肉”这道菜。

人们根据这个故事，编成了歇后语“螺蛳壳嵌肉——恩爱夫妻”。

[脑筋急转弯]

你知道下面这个歇后语吗？快动脑想想吧！

炉子大翻身——？

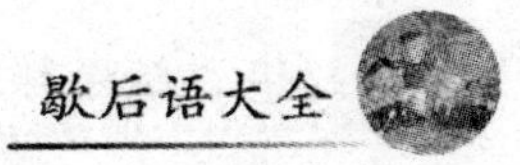

曹刿论战——一鼓作气

《左传》上有这样一个故事：

春秋时代，齐国派兵攻打鲁国。鲁庄公和曹刿带着部队到长勺去抵抗。

当两国军队摆开阵势的时候，鲁庄公打算擂鼓，命令部队冲击。曹刿却说：

“不行，要等一等。”

一直等到齐军擂过第三遍鼓，曹刿才主张擂第一次鼓。而擂过这一次鼓以后，鲁国军队就把齐军打得大败。

这时，鲁庄公打算追上去。曹刿又说：

“不行。”说着，自己走下车来，低着头看看路上留下的齐军走过的车迹，然后又上车，朝远处望望奔跑着的齐军，这才点头说：

“可以追赶了。”

于是取得了决定性的胜利。

事后，鲁庄公问曹刿为什么要这样指挥作战，曹刿回答说：

“打仗这回事，完全仗着勇气。擂第一遍鼓的时候，士兵的勇气最旺盛(原话是“一鼓作气”)；等到擂第二遍鼓，勇气已经衰退；第三遍鼓，勇气就没有了。

敌人擂过第三遍鼓，我才擂第一遍鼓，恰巧是敌人的勇气已经没有了，而我们的勇气正很旺盛。以勇气旺盛的部队冲击已经丧失勇气的敌人，自然能把敌人打得大败。齐国是一个大国，我恐怕他们假装败退，留有伏兵，因此等我看到前面路上留下的车迹错乱不整，而旗帜又倒了下来，断定它真是败退了，才指挥兵士追上去。”

鲁庄公听曹刿说出这番道理，很佩服他作战的智谋和经验。

人们根据这个故事，编成了歇后语“曹刿论战——一鼓作气”。

[考考你]

(1)鲁庄公打算擂鼓，曹刿为什么说要等一等？

(2)鲁庄公打算追赶齐军,曹刿为什么说不行?

[脑筋急转弯]

你知道下面这个歇后语吗?快动脑想想吧!

黄鼠狼给鸡拜年——?

依样画葫芦——照抄照搬

《东轩笔录》上有这样一个故事:

北宋时,有个翰林学士姓陶名谷,字秀实。他学问渊博,会写文章。他见宋太祖赵匡胤对文臣不太重视,觉得自己未得到重用,于是请人在宋太祖面前夸他,说陶学士从小博览群书,能写一手好文章,而且做事也很卖力等等。不料,宋太祖听后说:

"我晓得,翰林写文章、诏告,都是拿前人的旧本,改换一些词句,依照葫芦的样子画葫芦罢了,有什么费力的?"

陶谷听到这些话,心里很不是滋味,便在墙上题诗聊以自嘲。诗中说:

"官职须由生处有,才能不管用时无。堪笑翰林陶学士,年年依样画葫芦。"

宋太祖知道这件事后,格外不喜欢他。陶谷一直没有受到重用。

后来,人们根据这个故事,编成了歇后语"依样画葫芦——照抄照搬"。

[考考你]

宋太祖批评陶谷什么?

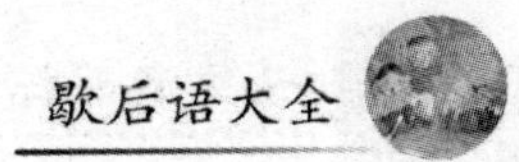

[脑筋急转弯]

你知道下面这个歇后语吗？快动脑想想吧！

吃生盐聊天——？

泼出去的水——收不回来

据《封神演义》描述，姜子牙早年未遇明主，很不得志，生活贫困，寄居朝歌城里朋友宋异人家里，七十二岁才与六十八岁的马氏成亲。

婚后不久，马氏嫌他贫贱，执意要离婚。姜子牙百般规劝无效，只得写了休书在手中，还对马氏说：

"娘子，书在我手中，夫妻还是团圆的。你接了此书，再不能完聚了！"

马氏伸手接过休书，毅然回家，改嫁去了。

后来，姜子牙帮助周文王打败了商纣王，分封为齐王，称"姜太公"。这时，马氏非常后悔。

一天，当姜子牙前呼后拥、耀武扬威地到齐国去时，马氏在路上拦住姜太公，叩头要求恢复夫妻关系。姜太公让人取过一盆水来，泼到地上，叫马氏把水收回盆里来。马氏忙了半天，只收了一点点稀泥浆。最后，姜太公说：

"你既然离开了我，另嫁他人，那就很难重归于好了。这好比倒在地上的水，已难于收回了。"马氏感到无颜，回家后自缢而死。

人们根据这个故事，编成了歇后语"泼出去的水——收不回来"。

[脑筋急转弯]

你知道下面这个歇后语吗？快动脑想想吧！

出版社搬家——？

范进中举——喜疯了

范进是吴敬梓写的章回体长篇讽刺小说《儒林外史》中的一个热衷功名、丑态百出的读书人形象。他参加科举考试达二十余次，主考官可怜他，才让他中了个秀才。后来，他又去考举人，想不到竟然考中了。出榜这天，接二连三报喜的挤了一屋子。这时，范进正为早饭无米下锅而在集市上卖母鸡，专门来找他的邻居告诉他，说他中了举人，范进根本不信。那邻居无奈，只好一把夺过母鸡，掼在地上，这才把他拉回家来。

范进进家一看，喜报已经升挂起来。他看了一遍，又念一遍，把两手拍了一下，笑了一声，说：

“噫！好了！我中了！”说着，往后一仰，跌倒在地上，牙齿咬得紧紧的，不省人事了。他母亲顿时慌了，忙给他灌了几口开水。他爬起来，又拍着手大笑道：

“噫，好！我中了！”接着，不由分说，就往门外飞跑，把报喜的人和邻居们都吓了一跳。走出大门不多远，便一脚踹在塘里，挣扎起来后，头发都跌散了，两手黄泥，淋淋漓漓一身的水。众人拉不住他，他拍着手笑着，一直奔到集市上。

范进中举后，喜疯了，怎么办？来报喜的有个人出了个主意，让他平时最怕的人打他一个嘴巴。这样便找到了他的丈人胡屠户。

胡屠户来到集市上，见范进正在一个庙门口站着，散着头发，满脸污泥，鞋都跑掉了一只，只管拍着巴掌，口里叫着：

“中了！中了！”

胡屠户凶神似的走到他跟前，嚷道：

“该死的畜生！你中了什么？”

一个嘴巴打将过去。范进被这一打，昏倒在地上。邻居们一起上前，替他抹胸口，捶背心，弄了半天，他才渐渐醒过来。

人们根据这个故事，编成了歇后语“范进中举——喜疯了”。

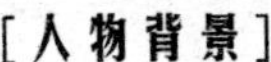

[人物背景]

《儒林外史》是我国古代最杰出的讽刺小说之一。它没有完整的故事,而是由一组组情节单元构成。全书形象地揭示了当时社会知识阶层精神和文化教育的腐朽糜烂。

吴敬梓(1701—1754 年),字敏轩,祖籍安徽全椒县。他出身于世代书香的名门望族,从小刻苦读书,父亲死后,他继承家产,因挥霍无度又仗义疏财,最后不得不靠卖书换米艰难度日。乾隆 19 年(1754)无疾而终。

[脑筋急转弯]

你知道下面这个歇后语吗?快动脑想想吧!

编辑室里失火——?

答　案

P2　[考考你]

(1)因为海鳖说大海很大,几千里也不能形容它的广阔,几千丈也不能形容它的深度。在夏禹时,十年中九年有水灾,但大海里的水看不出有一点增加;商汤时,八年中有七年大旱,但大海的水也不见减少。不管时间长短,雨水多少,大海总是无边无际,波浪滔滔。这些都是蛤蟆从未见过也从未听过的事情,所以它惊得目瞪口呆,无话可说。

(2)略

P3　[脑筋急转弯]

耗子钻进古书堆——吃老本

P5　[脑筋急转弯]

保温瓶的塞子——赌(堵)气

P6　[脑筋急转弯]

哑巴吃黄连——有苦说不出

P9　[脑筋急转弯]

扯着虎尾巴喊救命——找死

P11　[考考你]

(1)两次。第一次孔明说荆州是刘表的基业。刘表虽死,但他的儿子刘琦还在,帮刘琦取回荆州理所当然。第二次孔明又说刘表乃刘备之兄,弟承兄业是应当的。鲁肃表示为难,孔明要刘备亲写文书,由他作保,待到刘备取得西川时再还。后来刘备取得西川后又推故不肯归还。

(2)因为荆州历来是战略要地,刘备占领荆州后,就可以西进四川,东下三吴,为统一中国打开通路。

P11　[脑筋急转弯]

鲜花插到牛屎上——糟踏了

P12　[脑筋急转弯]

夏天穿皮袄——背时

P15　[考考你]

吕蒙故意让陆逊留守陆口,关羽大意上当。王甫好心提醒关心,可他却不以为然。他不听劝阻,从而导致吕蒙乘虚而入夺取了荆州。

P15　[脑筋急转弯]

螃蟹过街——横行霸(爬)道

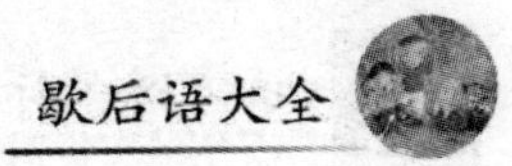

P16 [考考你]

张飞以为关公背叛刘备，投降曹操，所以要杀他。

P17 [脑筋急转弯]

搽粉进棺材——死要面子

P20 [考考你]

张飞利用一个人假扮自己，引严颜出来。然后在手下人的配合下活捉严颜。张飞觉得严颜是个人才，于是亲手给他松绑，对他很尊重。严颜深受感动，表示愿意归降。

P21 [脑筋急转弯]

冰糖煮黄连——同甘共苦

P22 [脑筋急转弯]

和尚的头皮——不毛之地

P23 [考考你]

孙悟空发现玉帝封他“弼马温”是个骗局后，一气之下打出南天门，回到花果山。后被天兵天将擒拿，投入太上老君的八卦炉熔炼。孙悟空跳出八卦炉后，一怒之下大闹天宫。

P23 [脑筋急转弯]

爆竹头上放炮——响头

P25 [脑筋急转弯]

冰块掉进醋缸里——寒酸

P28 [脑筋急转弯]

背着手进鸡窝——不简(捡)单(蛋)

P29 [脑筋急转弯]

矮子吃馒头——想高(糕)

P30 [脑筋急转弯]

飞机上打拳——高手

P32 [脑筋急转弯]

孙猴子的毫毛——随便(变)

P33 [脑筋急转弯]

酒壶里打架——胡(壶)闹

P36 [脑筋急转弯]

喇叭掉进粪坑里——死(屎)吹

P37 [脑筋急转弯]

屁股后面挂暖壶——有一定(腚)水平(瓶)

P38 [脑筋急转弯]

搭梯子上天——走投无路

P40 [脑筋急转弯]

八十年不下雨——太多情(晴)

P41 [考考你]

李逵取出幞头,插上展角,戴在头上,又把绿袍公服穿上,换上皂靴,拿着槐简,走到公堂。升堂时,把打了人的那个人放走,把被打的那个人戴上枷锁在衙门前示众,大踏步走了。看热闹的百姓见他这样判案,都忍不住哈哈大笑。

P42 [脑筋急转弯]

斑马的脑袋——头头是道

P43 [考考你]

(1)高俅把皇上赐给李逵的御酒喝了,然后装上一坛尿,贴上封头,他想李逵性烈如火,揭开酒坛闻出尿味,定会霹雳暴怒。只要李逵骂一句,或是摔破酒坛,他马上就以欺君之罪,将李逵先斩后奏。

(2)李逵看出是高俅捣的鬼,于是将计就计。他吩咐手下人把御酒让给高俅喝,高俅想推辞,可李逵左手抓住他的衣领,右手端起酒碗就往高俅嘴里直灌,呛得他直翻白眼。

P43 [脑筋急转弯]

班房里识字——求(囚)学

P45 [脑筋急转弯]

半夜三更放火炮——一鸣惊人

P46 [脑筋急转弯]

挨了刀的肥猪——不怕滚水烫

P48 [考考你]

高太尉听说林冲买了把宝刀后,故意叫他拿去看看。林冲被高太尉派来的人故意带到“白虎节堂”,高太尉借机把林冲抓起来,押送开封府处理。

P48 [脑筋急转弯]

矮子爬坡——步步高升

P50 [脑筋急转弯]

矮子吃粉丝——好场(长)面

P52 [脑筋急转弯]

城隍庙菩萨拉胡琴——鬼拉

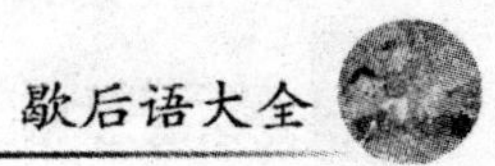

P53 [考考你]

司马昭想叫曹髦让位给他当皇帝。

P53 [脑筋急转弯]

司机闹情绪——想不开

P54 [脑筋急转弯]

鼻孔里插大葱——装象

P56 [脑筋急转弯]

不倒翁沏茶——没水平

P57 [脑筋急转弯]

鼻孔穿草绳——自谦(牵)

P58 [考考你]

(1)半信半疑 (2)出名

P59 [考考你]

因为叶公是口头上喜爱龙,而内心并不喜爱。

P61 [脑筋急转弯]

赤脚踩钢丝——铤而走险

P61 [考考你]

(1)精疲力竭:指白素贞与法海恶战一场,非常疲惫,没有力气。 狼狈不堪:指白素贞与法海恶战一场后又与小青失散,搞得十分难看、落魄。

(2)想到了当年与许仙在雨中相会的情景,又想到了许仙的忘情,更想到了自己如今颠沛流离、有家难归的情况。

P66 [脑筋急转弯]

坐飞机打靶——高标准

P66 [脑筋急转弯]

独眼龙赶考——一言(眼)难尽(进)

P68 [脑筋急转弯]

挨打的狗去咬鸡——拿别人出气

P70 [脑筋急转弯]

半夜收玉米——瞎掰

P72 [脑筋急转弯]

长颈鹿的脑袋——高人一头

P74 [脑筋急转弯]

半天云里射靶子——高见(箭)

P75 ［考考你］

司马炎用心腹贾充，带剑入朝，直入后宫，逼曹奂退位。曹奂被逼无奈，只得让位。

P75 ［脑筋急转弯］

客房里吹喇叭——有名（鸣）堂

P78 ［考考你］

(1)因为包勉霸占肖刘氏的儿媳，威逼利诱，伎俩使尽。包勉还带领打手，闯入肖刘氏家，强奸她的儿媳，摔死他的儿子，真是丧尽天良，天理难容，所以包公要斩包勉。

(2)因为包夫人念及嫂子对包公的抚养恩情，于是恳求包公赦免包勉。但后来在屏后听见肖刘氏的陈述，深为自己的行为感到惭愧，于是主动把包勉交给包公依法处置。

P79 ［脑筋急转弯］

高山上吹喇叭——名（鸣）声远扬

P79 ［考考你］

明白了只有不断努力，勤奋向上才会过上幸福的生活。

P79 ［脑筋急转弯］

额角上放炮仗——响头

P81 ［考考你］

周瑜为了收回荆州，便采用了美人计，结果落了个“东吴招亲——弄假成真”的下场。周瑜后来亲自领军追赶刘备，结果被关羽、黄忠、魏延的军队打得大败，损兵不少。所以说他谋荆州，赔了夫人又折兵。

P81 ［脑筋急转弯］

城隍庙里唱戏——鬼看

P82 ［脑筋急转弯］

钞票洗脸——见钱眼开

P83 ［脑筋急转弯］

凤凰拔了毛——比鸡还不如

P85 ［考考你］

因为巡海夜叉手舞大斧要往哪吒头顶上劈，哪吒连忙躲过，右手上的乾坤圈往空中一举，落下来正好掉在夜叉头上，把他打死了。敖丙奉命捉拿哪吒，哪吒被逼无奈随手把七尺混天绫往空中一展，把敖丙裹下逼水兽。哪吒抢上一步，一脚踏住他的颈项，提起乾坤圈，照敖丙的顶门打一下，就把他打死了。

P86 ［脑筋急转弯］

刀砍琉璃瓶——批（劈）评（瓶）

P88 **[考考你]**

(1)吕洞宾怕苟杳贪欢忘了读书,就用此法激励他发愤读书。

(2)吕洞宾家中失火,财产烧光,日子没法过。他只好找苟杳资助,哪知苟杳除了盛情款待外,根本不谈如何资助,吕洞宾一怒之下离开了苟府。可当他回到家,却发现被烧废的楼房又重新盖起来了,还有了一棺材的金银财宝,这时,吕洞宾才知道错怪了苟杳。

P88 **[脑筋急转弯]**

出门坐飞机——远走高飞

P89 **[考考你]**

(1)赵括的母亲奏本告诉赵王,赵括徒读父书,不知通变,不是个将才。他把用兵打仗看作儿戏,说起兵法来,就眼空四海,目中无人。如果用他为大将,只怕国家会断送在他的手里。

(2)赵括把廉颇规定的一套制度全部废除,还下令追击秦军,秦军故意让他打几场胜仗,让他掉以轻心,结果误入秦军的埋伏地区,以致四十万大军全军覆灭了,赵括自己也被秦军万箭活活射死。

P89 **[脑筋急转弯]**

腐烂的西瓜——一肚子坏水

P91 **[脑筋急转弯]**

赶鸭上架——硬逼

P92 **[脑筋急转弯]**

隔年的挂历——废话(画)

P94 **[考考你]**

摩肩接踵　　挥汗如雨

P94 **[脑筋急转弯]**

跟诸葛亮学本事——能掐会算

P96 **[考考你]**

(1)说明做错了事只要及时补救还来得及。

(2)略

P98 **[考考你]**

诸葛亮令军士搬出三辆四轮车,这车跟他自己乘坐的一模一样。然后他命令姜维等三人装扮成自己的模样,同时用二十四人穿黑衣,打赤脚,披头散发,双手执幡,在左右推车。诸葛亮等人从四方迷惑魏兵。魏兵果然大乱,闭门不出。就在这时,蜀军三万精兵,将陇上所有的麦子割个精光,运到卤城打晒去了。

P98 [脑筋急转弯]

穿着靴子抓痒——麻木不仁

P100 [脑筋急转弯]

穿着衣裳洗澡——诗(湿)人

P101 [考考你]

(1)诸葛亮命令兵将收下城上的旗号,各自隐藏起来,不许乱走乱动,不许高声说话。又传令把四个城门全打开,挑选几十名老兵扮成百姓模样打扫街道。随后,他又叫两个小童,捧着古琴、香炉到城楼弹琴。

(2)因为他生怕中了诸葛亮的计,所以火速传令退兵。

P102 [考考你]

第一条妙计,为刘备来东吴招亲大造舆论,劝乔国老和吴国太促成亲事。第二条妙计,谎称曹操大军进攻荆州,及时使刘备猛醒,商同孙夫人离开南徐。第三条妙计,智激孙夫人,怒斥东吴退兵,平安回到荆州。

P103 [脑筋急转弯]

饭锅冒烟——迷(米)糊了。

P104 [脑筋急转弯]

厨师摔锅铲——不愿跟你吵(炒)

P105 [考考你]

周瑜是被诸葛亮三气而死。一气是在赤壁大战后,周瑜损兵折将,诸葛亮却图了现成,得了南郡、襄阳、荆州三地,气得周瑜金疮迸裂。二气是周瑜使用“美人计”,骗刘备到东吴招亲。诸葛亮将计就计,使刘备成完亲后打败了周瑜的追兵。周瑜赔了夫人又折兵,气得金疮又迸裂了。三气是诸葛亮识破了周瑜“假途灭虢”之计,周瑜兵败巴丘芦花荡后连叫数声而亡。

P105 [脑筋急转弯]

打铁不看火色——傻干

P107 [考考你]

因为王昭君很有见识,为了两国的和好,她愿意嫁到匈奴去。

P107 [脑筋急转弯]

管水员开闸——放任自流

P108 [考考你]

他到朝歌去卖笊篱,结果卖了一天,一个也没卖掉;他磨了一担干面,结果面不但没卖掉,而且全被狂风刮了个干干净净。

P109 [脑筋急转弯]

广东人说北京话——南腔北调

P110［考考你］

姜子牙开的算命馆先是四五个月没有一个人来算命。后来他为刘乾算命十分准确，又为一个催钱粮的人算准了。于是，姜子牙的算命术轰动全城，各种各样的人都来找他算命。半年后，他远近闻名，来请他算命的人多极了。

P110［脑筋急转弯］

龟儿子偷东西——鬼（龟）头鬼（龟）脑

P112［脑筋急转弯］

光屁股抬棺材——羞死人

P112［考考你］

姜子牙用无饵的直钩钓鱼的用意不在水中的鱼，而是在等待开明的君主，实现他的抱负。

P112［脑筋急转弯］

黄牛钻狗洞——不顾身材

P114［脑筋急转弯］

刽子手的父亲——老砍头的。

P116［脑筋急转弯］

火车拉长笛——越想（响）越有气

P119［脑筋急转弯］

狗头上长角——出洋（羊）相

P120［脑筋急转弯］

出家当和尚——没法（发）

P122［考考你］

黄忠年近六十，仍然主动请战。与关云长大战几十个回合不分胜负。归降刘备后已年近七十，仍抢着出阵，把曹操手下的勇将张郃打得抱头鼠窜，后来他使用骄兵大计，麻痹魏军，攻下天荡山。黄忠不辞劳苦又率兵攻下了定军山。

P122［脑筋急转弯］

粪船出海——臭名远扬（洋）

P127［脑筋急转弯］

大街上的挂钟——群众观点

P128［脑筋急转弯］

吉字倒写给你看——口干

P129［脑筋急转弯］

疯牛钻进死胡同——不好回头。

P132 [脑筋急转弯]

补锅匠锔锅——差(岔)不多

P134 [脑筋急转弯]

发射卫星上天——一鸣惊人

P137 [脑筋急转弯]

监牢里蒸馍——囚犯(饭)

P137 [脑筋急转弯]

肥猪跑进屠户家——送上门的肉

P139 [脑筋急转弯]

晨鸡打鸣——报效(晓)

P140 [脑筋急转弯]

西施坐飞机——美上天了

P141 [考考你]

因为他改不掉原先江湖上流浪汉的习气,结果做了三年的皇帝便感到不耐烦,于是不想当皇帝了。

P141 [脑筋急转弯]

斗败的公鸡——不文明(闻鸣)

P144 [脑筋急转弯]

跌倒捡块银元——好运气

P145 [脑筋急转弯]

蚕宝宝的肚子——私(丝)心

P146 [脑筋急转弯]

戈壁滩上的黄沙——无穷无尽

P147 [脑筋急转弯]

放鸭子的人——老落后

P148 [脑筋急转弯]

裁衣不用剪刀——胡扯

P150 [脑筋急转弯]

点灯没油——白费心(芯)

P152 [脑筋急转弯]

猪八戒直咬牙——恨猴

P154 [脑筋急转弯]

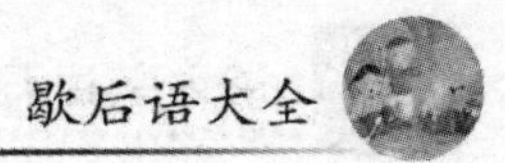

初学自行车——一定要两手抓

P155［脑筋急转弯］

高个子爬山——高尚（上）

P158［考考你］

(1)因为曹操伪造诏书，召马腾进京。马腾在城下遭到曹兵袭击，负伤被擒后被曹操杀掉，马腾之子马超听说后，发誓要杀死曹操，为父报仇。

(2)因为曹操被马超率领的西凉兵士追得落荒而逃。他听到西凉兵士边追边喊："穿红袍的是曹操！"他慌忙脱下红袍，又听到士兵大喊："长须的是曹操！"他慌忙又割掉长胡子，最后在部下的接应下才得以脱身。

P158［脑筋急转弯］

出门落个雨淋头——失（湿）意（衣）

P159［脑筋急转弯］

的确良衬衫——看透了

P161［脑筋急转弯］

黄鼠狼放屁——溜得不光彩

P162［脑筋急转弯］

鸡戴帽子——官（冠）上加官（冠）

P163［脑筋急转弯］

窗户上糊的纸——一捅就破

P164［考考你］

因为刘邦听信谗言，以为韩信要造反，于是将他降做淮阴侯。

P164［脑筋急转弯］

床底下放炸弹——梦中开花

P165［脑筋急转弯］

高空跳伞——一落千丈

P167［脑筋急转弯］

吃的咸盐真不少——尽管闲（咸）事

P168［脑筋急转弯］

炉子大翻身——倒霉（煤）

P169［考考你］

(1)因为曹刿认为打仗要靠勇气。擂第一遍鼓时，士兵的勇气正旺盛，擂第二遍鼓，勇气衰退，擂第三遍鼓，勇气没了。这时才是打败敌军的好时机。

(2)因为齐国是个大国，曹刿担心他们假装败退，留有伏兵。等他看到前面路上留下的车迹错乱不整，旗帜又倒下来，断定它真是败退了，才指挥兵士追上去。

P170 **[脑筋急转弯]**

黄鼠狼给鸡拜年——没安好心

P170 **[考考你]**

宋太祖批评陶谷写文章、诏告，都是拿前人的旧本，改换一些词句，依照葫芦的样子画葫芦罢了，没什么费力的。

P171 **[脑筋急转弯]**

吃生盐聊天——讲闲(盐)话

P171 **[脑筋急转弯]**

出版社搬家——尽是输(书)

P173 **[脑筋急转弯]**

编辑室里失火——糟(烧)糕(稿)